Herzlich
Willkommen

HALLO IHR LIEBEN,

endlich ist sie da: unsere MIXX-Spezial-Ausgabe von Food with Love. Was für eine Ehre, für MIXX ein Spezial machen zu dürfen, bei dem es nur um unsere Rezepte geht – wir freuen uns sehr darüber!

Bis dieses Heft hier fertig war, hatten wir alle Hände voll zu tun, viele Entscheidungen über Inhalt, Umfang und jede einzelne Seite mussten getroffen werden. Es wurde gekocht und gebacken, was das Zeug hält. Keine Frage: Es ist einfach ein wundervoller Job, den wir hier machen dürfen, in den wir viel Herzblut einbringen können. Wir hoffen, dass Ihr unsere Leidenschaft und die Liebe zum Detail in diesem Heft spüren könnt.

Wir sind Sonnenkinder, der Sommer ist für uns die schönste Jahreszeit. Die Sonne auf die Haut scheinen lassen, zusammen grillen, die Zeit mit lieben Menschen verbringen – das Leben kann so schön sein! Also haben wir zum Shooting für diese Ausgabe liebe Freunde eingeladen, Melanie hat wunderbare Fotos gemacht, Maike führte ein Interview mit uns, Felix grillte die Patties für unsere Burger und Yinin hat das Layout dazu erstellt – echtes Teamwork, wir danken Euch!!!

Es wurde viel gelacht, der eine oder andere Secco getrunken und einfach nur die Zeit und das Wetter genossen. Bis tief in die Nacht hinein haben wir am Lagerfeuer gelacht und gesungen. Wunderbar. Vielleicht hat der eine oder andere unser Making-of-Video auf Facebook oder unserer Homepage **foodwithlove.de** gesehen.

Danke an unsere Freunde, dass Ihr da wart. Dir, lieber Felix, gilt unser besonderer Dank! Du hast immer an uns geglaubt, bist stets an unserer Seite, und gemeinsam haben wir schon so tolle Projekte umgesetzt und werden auch noch viel gemeinsam erreichen. Thank you so much! Ihr, liebe Leser, fühlt Euch eingeladen, mit diesem MIXX-Spezial unser Gast zu sein. Schnappt Euch einen kühlen Drink und nehmt Platz an unserem reich gedeckten Tisch. Seid dabei, wie wir mit unseren Freunden einen wunderbaren Tag verbringen. Lasst Euch von uns inspirieren, anstecken und plant Euer Grillevent. Vielleicht finden ein paar unserer Rezepte den Weg auf Euren Tisch. Es würde uns riesig freuen, wenn wir so ein Teil Eures Events sein dürfen. Über Fotos freuen wir uns dann natürlich sehr.

In diesem Sinne wünschen wir Euch nun ganz viel Freude mit unserer MIXX-Spezial-Ausgabe und einen wunderbaren Sommer mit unvergesslichen & genussvollen Momenten!

Eure Hanna + Joëlle

100 % HERZFELD
EINFACH, KREATIV & LECKER!

MIXX – Küchenspaß mit dem Thermomix® ist ein unabhängiges Magazin für Nutzer der Küchenmaschine „Thermomix®" und erscheint in der HEEL Verlag GmbH. Die HEEL Verlag GmbH hat keine Markenrechte am Zeichen Thermomix®, dieses ist eine eingetragene Marke der Firmengruppe Vorwerk. MIXX ist eine eingetragene Marke beim DPMA unter der Registernummer 302015214086. Magazin und Rezepte sind in eigener Verantwortung der HEEL Verlag GmbH entstanden.

111 REZEPTE AUF 144 SEITEN

Inhalt

REZEPTE

EXKLUSIV BEI UNS!

EXTRAS

MARKT-FORSCHUNG ...

JOELLES TIPP

WIR BRAUCHEN KEINE ERDBEEREN IM WINTER – SAISONALE PRODUKTE AUS DER REGION SCHMECKEN AM BESTEN!

MANU & JOELLE KOCHEN MIT GUTEN ZUTATEN. UND DIE KAUFEN SIE, WENN SIE ZEIT HABEN, AM LIEBSTEN BEI EINEM BUMMEL ÜBER DEN WOCHENMARKT EIN …

AZ. AGRICOLA
CARNEMOLLA
GIOVANNI

PAPARAZZI: FELIX KROHMER (L., MIXX-CHEFREDAKTEUR) UND VOLKER HERZFELD (MANUS TIEFENENTSPANNTER EHEMANN)

DAS AUGE ISST MIT: WENN FREUNDE KOMMEN, LEGEN MANUELA & JOELLE HERZFELD WERT AUF EINE LIEBEVOLLE TISCHDEKO – BLUMEN GEHÖREN DABEI IMMER DAZU!

MANUS TIPP

LÄUFER UND WASSERKARAFFEN ZAUBERN LÄSSIGE ELEGANZ AUF DEN TISCH, BUNTE TEELICHTER SORGEN FÜR ATMOSPHÄRE

Coole Drinks für heiße Tage

EIN HOCH AUF UNS – MANUELA, BETTY & JOELLE (V. L.) STARTEN IN DEN ABEND MIT EINEM KLEINEN ERFRISCHUNGS-GETRÄNK …

TIPP!

WIR HABEN HIER DEN GLASRAND MIT MARSHMALLOW FLUFF UND WEISSEN SCHOKOLADENRASPELN VERZIERT

HIMBEER-MILCH-SHAKE

2 GLÄSER
LEICHT
10 MINUTEN

ZUTATEN:

100 g Sahne
250 g TK-Himbeeren
20 g Zucker
400 g Milch
200 g Vanilleeis
20 g weiße Schokolade, geraspelt

Außerdem:
Marshmallow Fluff für den Rand (optional)
weiße Schokoladenraspel (optional)

1. Sahne in den Mixtopf geben und mithilfe des Rühraufsatzes bei ***Stufe 3.5*** steif schlagen, umfüllen. Den Mixtopf ausspülen.
2. 50 g Himbeeren zusammen mit dem Zucker in den Mixtopf geben und ***4 Sekunden/Stufe 6*** zerkleinern, dann ***4 Minuten/100°C/Stufe 1*** aufkochen. Umfüllen und auskühlen lassen.
3. Restliche Himbeeren, Milch und Vanilleeis in den Mixtopf geben, ***25 Sekunden/Stufe 9*** mixen.
4. In zwei Gläser geben, mit geschlagener Sahne, Himbeersirup und Schokoladenraspeln toppen und genießen.

MANGO-MARACUJA-SMOOTHIE

2 GLÄSER
LEICHT
5 MINUTEN

ZUTATEN:

300 g TK-Mango
200 g Kokosmilch
150 g Maracujasaft
Fruchtmark einer Maracuja
1 TL Ahornsirup
Mark einer Vanilleschote
30 g Zitronensaft

Außerdem:
2 TL Kokosraspel
2 TL Maracuja-Fruchtmark

1. Alle Zutaten in den Mixtopf geben, *20 Sekunden/Stufe 10* mixen.
2. Mit Kokosraspeln und Maracuja-Fruchtmark garnieren und servieren.

DURCH DIE TIEFKÜHL-MANGO IST DIESER SMOOTHIE AN HEISSEN TAGEN WUNDERBAR ERFRISCHEND

KARAMELL-FRAPPUCCINO

1 GROSSES GLAS
LEICHT
5 MINUTEN

ZUTATEN:

2 Espresso, kalt (ca. 80 g)
180 g Milch
250 g Eiswürfel
45 g Karamellsauce
Sahne (optional)

1. Espresso, Milch, Eiswürfel und Karamellsauce in den Mixtopf geben, ***30 Sekunden/Stufe 8*** mixen.
2. In ein Glas geben und nach Belieben mit Sahne und Karamellsauce toppen.

NUTELLA®-DONUT-MILCHSHAKE

1 GROSSES GLAS
LEICHT
5 MINUTEN

ZUTATEN:

3 Kugeln Vanilleeis (ca. 100 g)
200 g Vollmilch
120 g Nutella®
1 TL Vanilleextrakt
20 g Schokoladensirup
Donut nach Wahl

1. Vanilleeis, Vollmilch, Nutella® und Vanilleextrakt in den Mixtopf geben, ***20 Sekunden/Stufe 8*** mixen.
2. Ein Glas von innen mit Schokoladensirup besprenkeln.
3. Den Shake in das vorbereitete Glas füllen, einen Donut auf das Glas setzen und einen Strohhalm durch den Donut in den Shake stecken – und dann genießen.

MARACUJA-SLUSH MIT LIKÖR 43

2 KLEINE GLÄSER
LEICHT
5 MINUTEN

ZUTATEN:

Mark einer halben Vanilleschote
50 g Likör 43
150 g Maracujasaft
350 g Eiswürfel

1. Alle Zutaten in den Mixtopf geben und *25 Sekunden/Stufe 5* mixen.
2. In ein Glas (bzw. zwei Gläser) füllen und genießen.

ROSEN-LATTE MIT HIMBEEREN

1 GLAS
LEICHT
10 MINUTEN

ZUTATEN:

250 g Mandelmilch
1–2 TL Rosenwasser
1 TL Vanilleextrakt
1 Handvoll Himbeeren
1 Prise Salz
1 TL Kokosöl
2 TL Honig

1. Mandelmilch mit Rosenwasser, Vanilleextrakt, Himbeeren und einer Prise Salz *5 Sekunden/Stufe 5* mixen, dann *5 Minuten/100°C/Stufe 1* aufkochen. Etwas abkühlen lassen.
2. Kokosöl und Honig hinzufügen, *10 Sekunden/Stufe 8* mixen und sofort servieren und genießen.

IM SOMMER MIT EINER KUGEL EIS HERRLICH ERFRISCHEND

MANGO-EISTEE

3 GLÄSER
LEICHT
20 MINUTEN

ZUTATEN:

3 Teebeutel grüner Tee
1 l kochendes Wasser
2 Mangos
50 g Zucker
Saft einer halben Zitrone
1 Zitrone, in Scheiben geschnitten
1 Handvoll Minzblätter
Eiswürfel nach Belieben

1. Teebeutel in ein Liter kochendes Wasser geben und ca. fünf Minuten ziehen lassen. Teebeutel entfernen.
2. Mango-Fruchtfleisch in den Mixtopf geben, ***10 Sekunden/Stufe 7*** pürieren und anschließend durch ein Sieb streichen und dabei den Saft auffangen.
3. Mangosaft mit Zucker und Saft einer halben Zitrone in den Mixtopf geben, ***3 Minuten/100°C/Stufe 1*** aufkochen.
4. Mangosaft mit Tee mischen, Eiswürfel, Zitronenscheiben und Minze zugeben und genießen.

DER MILCHSHAKE SCHMECKT AUCH LECKER MIT EINEM SCHUSS MALIBU LIKÖR ODER WODKA. WER ES NOCH KOKOSLASTIGER MAG, NIMMT KOKOSEIS UND KOKOSMILCH

RAFFAELLO®-MILCHSHAKE

CA. 600 ML
LEICHT
5 MINUTEN

ZUTATEN:

5 Kugeln Raffaello®
300 g Milch
150 g Joghurt
1–2 EL Kokossirup
1 TL Vanilleextrakt
90 g Vanilleeis
100 g flüssige Sahne

1. Raffaello® mit Milch in den Mixtopf geben, ***20 Sekunden/Stufe 6*** mixen.
2. Restliche Zutaten hinzufügen, alles ***30 Sekunden/Stufe 5*** verrühren.
3. In Gläser füllen und nach Belieben mit einem Sahnehäubchen und einer Kugel Raffaello® toppen.

KALORIEN IN SCHÖNSTER FORM

AFTER EIGHT®-MILCHSHAKE

1 GROSSES GLAS
LEICHT
5 MINUTEN

ZUTATEN:

60 g Milch
220 g Vanilleeis
1 TL Pfefferminzsirup
etwas Lebensmittelfarbpaste, türkis
5 Täfelchen After Eight®

Topping:
Sahne (optional)
Zartbitter-Schokoladenraspel
Minze

1. Milch, Vanilleeis, Sirup, Farbpaste und After Eight® in den Mixtopf geben, ***30 Sekunden/Stufe 8*** cremig mixen.
2. In ein Glas geben, nach Belieben mit einem Sahnehäubchen versehen und mit Schokoladenraspeln und Minze garnieren.

PFEFFERMINZSIRUP GIBT ES ZUM BEISPIEL VON MONIN, ZU FINDEN IM SUPERMARKT BEI KAFFEESIRUP

FRISCHER ORANGEN-SAFT

3 GLÄSER
LEICHT
5 MINUTEN

ZUTATEN:

3 Orangen, geschält
Saft einer Zitrone
1–2 TL Vanillezucker

1. Orangen, Zitronensaft und Vanillezucker in den Mixtopf geben, *45 Sekunden/Stufe 9* mixen.
2. In ein Glas umfüllen und sofort genießen.

WER KEIN FRUCHTFLEISCH MAG, GIESST DEN SAFT DURCH EIN SIEB. DIE MENGE DES VANILLEZUCKERS KÖNNT IHR JE NACH GESCHMACK UND SÜSSE DER ORANGEN ANPASSEN. EIN SCHUSS MINERALWASSER IM ORANGENSAFT IST AUCH SEHR ERFRISCHEND

WASSERMELONEN-LIMONADE

2 GLÄSER
LEICHT
10 MINUTEN

ZUTATEN:

500 g Wassermelonen-Fruchtfleisch
1 TL brauner Zucker
25 g Zitronensaft
1 EL Vanilleextrakt
Eiswürfel nach Belieben

1. Die Wassermelone in grobe Stücke schneiden. Sie muss nicht entkernt werden.
2. Das Fruchtfleisch mit allen anderen Zutaten in den Mixtopf geben, ***30 Sekunden/Stufe 8*** mixen.
3. Die pürierte Wassermelone durch ein feines Sieb streichen und mit Eiswürfeln servieren.

LIMETTENSIRUP MIT MINZE

CA. 1000 ML
LEICHT
30 MINUTEN

ZUTATEN:

Minzblätter von 10 langen Stielen (ca. 15 g)
600 g Wasser
500 g Zucker
Schale von 2 Bio-Limetten
Saft von 5 Bio-Limetten (ca. 200 ml)

1. Minzblätter in den Mixtopf geben, ***5 Sekunden/Stufe 8*** zerkleinern.
2. Wasser, Zucker, dünn geschälte Schale der Limetten und Limettensaft hinzufügen, ***20 Minuten/100°C/Stufe 2*** ohne Messbecher kochen.
3. Den Sirup durch ein Sieb in saubere Flaschen gießen und verschlossen kühl aufbewahren.

Herzfelds Lieblinge

BLUMEN

EIN SATTER STRAUSS VOLL HERRLICH DUFTENDER SOMMERBLUMEN. UND WENN ER DANN NOCH IN UNSERER LIEBLINGSFARBE ROSA ERSTRAHLT – EINFACH WUNDERBAR!

LIEBLINGSLADEN

Schon seit langer Zeit holen wir unsere Blumen am Kölner Tor 34 in Düsseldorf. Das Blumen Theater von Melanie Thater ist zwar klein, aber mit sehr viel Liebe zum Detail gestaltet. Melanie nimmt sich immer viel Zeit für die Kundenwünsche und kreiert frische sowie aktuelle Sträuße, die nicht mal teuer sein müssen. Hier spürt man als Kunde einfach, dass neben jeder Menge Kreativität auch ganz viel Liebe in ihren wunderschönen Blumen-Arrangements steckt.

Blumen Theater Melanie Thater

Im Interview

DIE ERSTEN WARMEN SONNENSTRAHLEN DES JAHRES LOCKEN UNS HINAUS IN DEN GARTEN. DER PERFEKTE ORT, UM MIT MANUELA ÜBER FREUNDE, FAMILIE, LEIDENSCHAFTEN UND SCHÖNE ERINNERUNGEN ZU SPRECHEN. UNSERE AUTORIN MAIKE DOEGE HAT NACHGEFRAGT:

Wie bist Du damals auf den Thermomix® gekommen?
Durch meine liebe Freundin Rabea, die Joelle und mich zum Erlebniskochen eingeladen hat.

Kannst Du Dich noch an Dein erstes Gericht, welches Du darin zubereitet hast, erinnern?
Ehrlich gesagt, nein. Aber ich glaube, es war Milchreis. Ich wollte einfach nur sofort loslegen und habe wild herumexperimentiert, und das 24/7.

Gibt es ein Gericht aus Deiner Kindheit, das Du heute noch gern kochst?
Meine Mutter hat für uns früher immer Fitschbohnensup-

» Kochen und Backen hat immer auch etwas mit Liebe und Leidenschaft zu tun! «

pe gekocht. Zu den Schnibbelbohnen kommen noch Kartoffeln, Kräuter, Tomaten und, wer mag, Mettwurst. Diese typisch rheinische Suppe schmeckt für mich nach Kindheit. Leider mögen meine Kinder sie nicht so gern, daher kommt sie bei uns selten auf den Tisch.

Wie lautet Deine Kochphilosophie?
Für mich ist Essen nicht nur Nahrungsaufnahme. Es ist viel mehr: Essen ist Genuss und ein Stück Lebensfreude. Kochen und Backen hat etwas mit Liebe und Leidenschaft zu tun. Grundzutat sollte daher immer die Leidenschaft sein. Denn wer mit Leidenschaft kocht, wird am Ende auch glücklich genießen können. Außerdem kann man beim Kochen der eigenen Kreativität freien Lauf lassen. Mein Tipp: Traut Euch zu experimentieren und bereitet Gerichte ganz nach Euren Vorlieben zu.

Wie kommst Du immer auf diese tollen kreativen Rezepte?
Ohne Inspiration wäre das alles nicht möglich. Ohne all die amerikanischen Blogs und Blogger aus der ganzen Welt, die tollen Köche, Magazine und auch Pinterest könnte ich das alles so nicht umsetzen. Diese Inspirationen, vereint mit unserer Vorstellung, unserem Geschmack und dem gewissen Etwas, lassen es dann zu einem Food with Love Gericht werden.

Hast Du so etwas wie eine Lieblingszutat?
Hm, es gibt viele Zutaten, die ich immer wieder gern verwende. Aber ich sage immer: Wenn das gewisse Etwas noch fehlt, probiere es mal mit Sojasauce. Sie verleiht vielen Gerichten noch mal den letzten Kick.

Ist Dir ein Gericht schon mal total in die Hose gegangen?
Oh ja, sehr viele sogar! Vielleicht machen wir mal eine Rubrik mit „Failed Rezepten" *(lacht)*. Es schaffen noch lange nicht alle Gerichte den Weg auf unseren Blog. Erst wenn wir komplett zufrieden sind, es schmeckt und auch funktioniert, stellen wir es online.

Was rätst Du, wenn so etwas passiert?
Nicht aufgeben und weiterprobieren. Jeder kennt doch Küchenpannen: versalzen, verkocht, zu scharf. Keine Panik aufkommen lassen – denn es gibt viele Tricks, wie man vermeintlich ungenießbare Mahlzeiten retten kann. Und wenn alle Möglichkeiten unpassend erscheinen und der Rettungsversuch missglückt ist, hilft nur eins: alles auf Anfang und erneut versuchen.

Für wen würdest Du gern mal kochen?
Für niemand Spezielles. Ich mache keine Unterschiede, für wen ich koche. Am liebsten koche ich für Familie und Freunde. So kann ich die Vorlieben meiner Gäste mit einbeziehen, und es wird allen schmecken – das ist doch das Schönste am Kochen.

Was gibt es bei Euch morgen zu essen?
Pulled Pork Burger. Wir wollen uns schon mal langsam auf unseren nächsten USA-Urlaub einstimmen.

Aller Anfang ist lecker!

DAS TEAM

AM START: DAS TEAM MIT MANUELA HERZFELD, MAIKE DOEGE (AUTORIN), JOELLE HERZFELD, FELIX KROHMER (CHEFREDAKTEUR), INKEN HÄFELE (MULTIMEDIA) UND MELANIE GÖTZ (FOTOGRAFIN)

1 PORTIONEN
LEICHT
20 MINUTEN + WARTE- UND BACKZEIT

Flammkuchen-Pizza mit Tomaten & Rucola

ZUTATEN:

Teig:
230 g Wasser
¼ Würfel frische Hefe
430 g Mehl
1 TL Salz
20 g neutrales Öl

Belag:
150 g Schmand oder Crème fraîche
1 geh. TL grünes Pesto
300 g bunte Tomaten, in Scheiben geschnitten
2 EL Parmesan, gerieben
1 Handvoll Rucola
Pfeffer

Außerdem:
Mehl zum Bearbeiten

1. Wasser und Hefe in den Mixtopf geben, ***2,5 Minuten/37°C/Stufe 2*** erwärmen.
2. Mehl, Salz und Öl hinzufügen, ***4 Minuten/Teigstufe*** kneten.
3. Den Teig in eine Schüssel geben und ca. 45 Minuten gehen lassen, bis sich das Volumen deutlich vergrößert hat.
4. Den Backofen auf 250°C Ober-/Unterhitze vorheizen und ein Backblech mit Backpapier auslegen.
5. Den Teig auf eine bemehlte Arbeitsfläche geben, in Backblechgröße ausrollen und auf das Backblech legen.
6. Schmand oder Crème fraîche und Pesto verrühren und auf den Teig streichen, mit Tomatenscheiben belegen und mit Parmesan bestreuen.
7. In den Ofen schieben, die Hitze auf 230°C reduzieren und ca. 25 Minuten backen.
8. Zum Servieren die Flammkuchen-Pizza mit Pfeffer würzen und mit Rucola bestreuen.

Crispy Chicken Baguette

1 BAGUETTE
MITTEL
30 MINUTEN + BACKZEIT

ZUTATEN:

1 Baguette, fertig gekauft oder Euer Lieblingsrezept

Kräuterbutter:
2 Knoblauchzehen, geschält
50 g weiche Butter
1 Spritzer Worcestersauce
1 Spritzer Zitronensaft
Salz & Pfeffer
1 EL TK-Kräuter
1 Spritzer Olivenöl

Füllung:
100 g Hähnchenbrustfilet
Salz & Pfeffer
Öl
1 Ei, verquirlt (Größe M)
50 g Mehl, mit je ¼ TL Salz, Cayennepfeffer, Paprika, Knoblauchpulver und schwarzem Pfeffer gemischt
50 g Panko (japanisches Paniermehl)
200 g Mozzarella, dünn geschnitten (ca. 10–12 Scheiben)

Topping:
1 EL Parmesan, gerieben
1 EL Petersilie, gehackt

1. Für die Kräuterbutter Knoblauch in den Mixtopf geben und *3 Sekunden/Stufe 6* zerkleinern. Den Rühraufsatz einsetzen.

2. Restliche Zutaten hinzufügen und alles *3 Minuten/Stufe 3* cremig rühren.

3. Den Backofen auf 180°C Ober-/Unterhitze vorheizen und ein Backblech mit Backpapier auslegen.

4. Für die Füllung Hähnchenbrustfilet mit Salz und Pfeffer würzen, in ca. 1 cm dicke Streifen schneiden, im Mehl wenden, in Ei tunken und im Paniermehl wenden.

5. Öl in einer Pfanne erhitzen und panierte Hähnchenstreifen goldbraun braten, auf Küchenpapier abtropfen lassen.

6. Das Baguette dritteln oder vierteln, jedes Stück sollte etwa die gleiche Länge der gebratenen Hähnchenstreifen haben. Die Krume (das Innenleben) mit einem Messer „herauslöffeln".

7. Hähnchenstreifen zwischen zwei Scheiben Mozzarella legen und jeweils ein bis zwei der eingerollten Hähnchenstreifen in die Baguettestücke stecken. Jeweils in ca. 3 cm dicke Scheiben schneiden und die Baguettestücke aneinandergereiht auf das Backblech legen.

8. Baguette mit Kräuterbutter bestreichen und mit Parmesan bestreuen. Im Ofen ca. 15 bis 20 Minuten backen.

9. Mit Petersilie bestreut servieren.

WAREN-KUNDE

PANKO

Panko ist die asiatische Variante unseres Paniermehls. Es wird aus Weißbrot ohne Rinde hergestellt, wodurch es auch ein bisschen heller ist. Ebenfalls unterscheidet es sich in der Konsistenz vom Paniermehl, da es flockiger ist und die einzelnen Stücke etwas größer sind. Das lässt die Panade nach dem Braten besonders kross und fluffig werden.

Italienisches Landbrot mit Mango, Mozzarella und Balsamico-Sirup

WAREN-KUNDE

MANGO

Ihr liebt es süß, exotisch – und gesund darf es auch noch sein? Dann ist die Mango genau das Richtige für Euch. Die ursprünglich aus Indien stammende Frucht kann bis zu zwei Kilogramm auf die Waage bringen. Diese Vitaminbombe schmeckt einfach wunderbar – egal ob pur, in Desserts und Smoothies oder auch in herzhafter Kombination im Salat.

1 STÜCK
LEICHT
30 MINUTEN

ZUTATEN:

200 g dunkler Balsamico
30 g Zucker
1–2 Mangos (je nach Größe)
4 Scheiben italienisches Weißbrot
1–2 EL Olivenöl zum Beträufeln
8 Cherrytomaten, halbiert
8 Mini-Mozzarella-Kugeln, zerzupft
1 kleine Handvoll Basilikumblätter

1. Balsamico und Zucker in den Mixtopf geben, *15 Minuten/Varoma/Stufe 3* ohne Messbecher einkochen.
2. Den Backofen auf 200°C Ober-/Unterhitze vorheizen und ein Backblech mit Backpapier auslegen.
3. Weißbrot mit Olivenöl beträufeln und im Ofen ca. fünf Minuten rösten.
4. Mangos schälen, das Fruchtfleisch in Scheiben schneiden und das Weißbrot damit belegen.
5. Cherrytomaten und Mozzarella draufgeben, Balsamico-Sirup drüberträufeln und mit Basilikumblättern bestreuen.

Bruschetta

4 PORTIONEN
LEICHT
20 MINUTEN + WARTEZEIT

ZUTATEN:

500 g aromatische Tomaten
1 Zwiebel, geschält
3 Knoblauchzehen, geschält
½ Bund Basilikum
30 g Olivenöl
Salz & Pfeffer

Außerdem:
8 Scheiben italienisches Brot / Ciabatta
Basilikumblätter & Olivenöl zum Beträufeln

1. Tomaten gründlich waschen und in kleine Würfel schneiden, Kerne entfernen. Tomatenwürfel in eine Schüssel geben.
2. Zwiebel, zwei Knoblauchzehen und Basilikum in den Mixtopf geben, ***3 Sekunden/Stufe 6*** zerkleinern.
3. Öl zugeben und ***2,5 Minuten/120°C/Stufe 1*** andünsten.
4. Das Ölgemisch zu den Tomatenwürfeln geben, alles gut durchmischen und mit Salz und Pfeffer abschmecken. Mindestens eine Stunde ziehen lassen.
5. Die Brotscheiben mit einer Knoblauchzehe einreiben und mit etwas Olivenöl beträufeln.
6. Im vorgeheizten Backofen bei 200°C Heißluft ca. sieben Minuten anrösten.
7. Mit marinierten Tomatenwürfeln belegen und mit Basilikumblättchen bestreuen.

Eingelegter Feta in Olivenöl

1 GLAS
LEICHT
10 MINUTEN

ZUTATEN:

200 g Fetakäse
2 Knoblauchzehen
1 kleine rote Chilischote
1 Zweig Rosmarin
1 Zweig Thymian
1 Zweig Oregano
1 TL Sumach
250 ml Olivenöl

1. Fetakäse in ca. 1,5 cm große Würfel schneiden und in ein Glas geben.

2. Knoblauchzehen schälen, Chilischote entkernen, in den Mixtopf geben.

3. Kräuter waschen und trocken schütteln, die Nadeln bzw. Blätter vom Stiel zupfen, in den Mixtopf dazugeben und alles ***4 Sekunden/ Stufe 5*** zerkleinern.

4. Alles zum Käse geben, Sumach drüberstreuen und mit Olivenöl auffüllen. Das Glas verschließen und zwei bis drei Tage lang ziehen lassen.

TIPP!

SUMACH IST EIN IN DER TÜRKISCHEN, ARABISCHEN UND PERSISCHEN KÜCHE BELIEBTES GEWÜRZ MIT LEICHT SÄUERLICH-FRUCHTIGEM GESCHMACK. TYPISCHERWEISE WIRD SUMACH GROSSZÜGIG ÜBER SALATE, FLEISCH- (Z. B. LAHMACUN) ODER REISGERICHTE GESTREUT. ÜBRIGENS: DER KÄSE SOLLTE IMMER KOMPLETT MIT ÖL BEDECKT SEIN, DANN HÄLT ER SICH CA. ZWEI MONATE LANG

Tomaten-Basilikum-Dip

CA. 6 PORTIONEN
LEICHT
5 MINUTEN

ZUTATEN:

60 g getrocknete Tomaten in Öl
20 Blätter Basilikum
200 g Doppelrahmfrischkäse
50 g Fetakäse
50 g Pinienkerne
Basilikum zum Bestreuen

1. Tomaten gut abtropfen lassen, mit Basilikum in den Mixtopf geben und *5 Sekunden/Stufe 8* zerkleinern. Mit dem Spatel alles vom Rand nach unten schieben.
2. Frischkäse und Fetakäse hinzufügen, *20 Sekunden/Stufe 4* vermischen.
3. Pinienkerne in einer Pfanne ohne Fett rösten. Den Dip mit Pinienkernen und Basilikum garniert servieren.

Karibik-Dip

CA. 500 G
LEICHT
10 MINUTEN

ZUTATEN:

200 g Ananas, in Stücken, abgetropft
½ TL brauner Zucker
200 g Doppelrahmfrischkäse
70 g Schmand
1 TL Currypulver
1 Prise Kurkuma
1 Prise Salz & Pfeffer

1. Ananas in den Mixtopf geben, *3 Sekunden/Stufe 4.5* grob zerkleinern.
2. Restliche Zutaten hinzufügen, *10 Sekunden/Stufe 3* verrühren.
3. Den Dip umfüllen und einige Stunden im Kühlschrank ziehen lassen.

Rote-Bete-Hummus

CA. 6 PORTIONEN
LEICHT
10 MINUTEN

ZUTATEN:

2 Knoblauchzehen, geschält
1 Bund Petersilie
250 g gekochte Rote Bete
1 Dose Kichererbsen, abgetropft (Abtropfgewicht 265 g)
2 EL Zitronensaft (ca. 20 g)
90 g Tahini (Sesampaste)
1 TL Salz
½ TL Cumin (Kreuzkümmel)
2 EL Olivenöl

Außerdem:
Sesam zum Bestreuen (weiß und schwarz)
Olivenöl zum Beträufeln
gehackte Petersilie zum Bestreuen

1. Knoblauch und Petersilie in den Mixtopf geben, ***3 Sekunden/Stufe 8*** zerkleinern. Mit dem Spatel alles vom Rand nach unten schieben.

2. Restliche Zutaten hinzufügen, ***30 Sekunden/Stufe 8*** pürieren und noch mal abschmecken.

3. Ein paar Tropfen Olivenöl drübergeben. Mit weißem und schwarzem Sesam sowie mit Petersilie bestreut servieren.

ROTE BETE GIBT ES SCHON VORGEGART UND VAKUUMVERPACKT IN DER GEMÜSEABTEILUNG DES SUPERMARKTS

Paprika-Käse-creme

CA. 6 PORTIONEN
LEICHT
10 MINUTEN

ZUTATEN:

1 rote Paprika
2 Knoblauchzehen
200 g Fetakäse
300 g Doppelrahmfrischkäse
2 EL Olivenöl (ca. 25 g)
Salz & Pfeffer
optional frische gehackte Kräuter (z. B. Schnittlauch, Oregano, Basilikum)

1. Paprika waschen und entkernen, Knoblauchzehen schälen. Paprika und Knoblauchzehen in den Mixtopf geben, ***3 Sekunden/Stufe 7*** zerkleinern.

2. Fetakäse, Frischkäse und Olivenöl hinzufügen, ***15 Sekunden/Stufe 5*** verrühren.

3. Mit Salz und Pfeffer abschmecken. Nach Belieben mit frischen Kräutern garniert servieren.

Grüner wird es nicht mehr

GESUND, LEICHT & EXTREM VIELSEITIG – MANU LIEBT SALATE UND HAT EIN BESONDERES FAIBLE FÜR SALATE IM US-STYLE WIE KRAUT- ODER KOHLSALAT

BROKKOLI-APFEL-SALAT

1–6 PORTIONEN | LEICHT | 15 MINUTEN

ZUTATEN:
300 g Brokkoli, in Stücken
120 g Möhren, in Stücken
1 Apfel, entkernt, geviertelt
50 g Walnüsse
50 g getrocknete Cranberrys
60 g Mayonnaise
100 g Vollmilchjoghurt
2 EL Zitronensaft
1 EL Zucker
¼ TL Salz
⅛ TL Pfeffer

Alle Zutaten in den Mixtopf geben, *5 Sekunden/Stufe 4.5* zerkleinern und verrühren.

WAREN-KUNDE

BROKKOLI

Neben Nudeln der Importschlager aus Italien. Der Familie Medici höchstpersönlich haben wir es zu verdanken, dass die gesunden Blütenknospen heute auf unseren Tellern zu finden sind. Wie die Familie ihn damals genießbar nach Frankreich brachte, ist nicht überliefert, denn frischer Brokkoli sollte nach etwa zwei Tagen im Kühlschrank gegessen werden.

KRAUTSALAT MIT SAHNE

4 PORTIONEN | LEICHT | 10 MINUTEN

ZUTATEN:
400 g Weißkohl
100 g Sahne
70 g Naturjoghurt
1,5 EL Mayonnaise
1 EL Weißweinessig
1,5 TL Zucker
Salz & Pfeffer

1. Weißkohl in Stücken in den Mixtopf geben und *4 Sekunden/Stufe 4.5* zerkleinern.
2. Restliche Zutaten hinzufügen und *15 Sekunden/Linkslauf/Stufe 3* vermischen.
3. Mit Salz und Pfeffer abschmecken.

STARKES TRIO MIT VIEL GESCHMACK:
ERDBEEREN, ZUCCHINI UND BLATTSALAT

TIPP!
GARANTIERT AUF JEDEM TISCH EIN HINGUCKER – SALAT IM GLAS

SOMMER-SALAT IM GLAS

1 PORTION (GLAS À CA. 950 ML)
LEICHT
15 MINUTEN

ZUTATEN:

Dressing:
1 EL dunkler Balsamico-Essig
1 EL Himbeeressig
25 g Olivenöl
30 g Granatapfelsirup
1 TL Dijon-Senf
Salz & Pfeffer

Salat:
1 kleine Zucchini
1 Handvoll Blattsalat
1 Handvoll Erdbeeren
1 Handvoll Nüsse (z. B. Pekannüsse, Walnüsse, Cashews oder Pinienkerne)

1. Alle Zutaten für das Dressing in den Mixtopf geben, ***10 Sekunden/ Stufe 4*** verrühren und ins Glas umfüllen.
2. Zucchini mit einem Julienneschneider oder Messer in feine Streifen schneiden und auf das Dressing geben.
3. Blattsalat waschen und trocken schleudern. Erdbeeren putzen. Blattsalat, Erdbeeren und Nüsse einschichten.
4. Das Glas verschließen und bis zum Verzehr kühl stellen.

1 PORTIONEN
LEICHT
20 MINUTEN + WARTEZEIT

RED CABBAGE SLAW – AMERIKANISCHER ROTKOHLSALAT

ZUTATEN:

Salat:

650 g Rotkohl
2 Möhren, geschält
1 Schalotte, geschält
20 g Öl

Dressing:

150 g Vollmilchjoghurt
1 TL Dijon-Senf
70 g Mayonnaise
30 g heller Balsamico oder Weißweinessig
1 TL Zucker
½ TL Salz
¼ TL Pfeffer

Außerdem:

70 g Walnusskerne
1 EL Honig
4 Stängel Schnittlauch, in Röllchen geschnitten

1. Rotkohl und Möhren in groben Stücken in den Mixtopf geben und in drei Durchgängen *5 Sekunden/Stufe 5* zerkleinern. In eine Schüssel umfüllen.

2. Schalotte in den gereinigten Mixtopf geben und *5 Sekunden/Stufe 5* zerkleinern. Öl hinzufügen und *2 Minuten/120°C/Stufe 1* dünsten, zum Rotkohl in die Schüssel geben.

3. Alle Dressing-Zutaten in den sauberen Mixtopf geben, *45 Sekunden/Stufe 3.5* mixen und zum Salat geben, alles gut vermengen. Noch mal mit Salz und Pfeffer abschmecken und mindestens eine Stunde im Kühlschrank ziehen lassen.

4. Walnüsse ohne Fett in einer Pfanne rösten. Honig zugeben und karamellisieren lassen. Abgekühlte Walnüsse zusammen mit Schnittlauch über den Salat geben und servieren.

TIPP!

DIE TACO-GEWÜRZMISCHUNG BEKOMMT IHR IN GUT SORTIERTEN SUPERMÄRKTEN. IHR KÖNNT SIE ABER AUCH SELBST MACHEN, DAZU 1 EL SALZ, 4 EL CHILIPULVER, 1 TL KNOBLAUCHGRANULAT, 1 TL ZWIEBELGRANULAT, 1 TL PAPRIKAPULVER, 1 TL OREGANO, 1/2 TL CUMIN, 1 TL PFEFFER UND 1/2 TL KORIANDERPULVER MITEINANDER VERMISCHEN UND IN EINEM LUFTDICHTEN GEFÄSS AUFBEWAHREN

TACO-PASTA-SALAT

6–8 PORTIONEN
LEICHT
10 MINUTEN

ZUTATEN:

500 g Rinderhackfleisch
500 g gekochte Nudeln (Rohgewicht ca. 250 g)
1 Zwiebel, geschält
300 g Schmand
50 g Sweet-Chili-Sauce
2 EL Taco-Gewürz
1 grüne Paprika, in Würfel geschnitten
150 g Cherrytomaten, halbiert
150 g Cheddar, gerieben
½ Kopf Eisbergsalat, in Stücke geschnitten
ca. 70 g Tacos

1. Hackfleisch in einer Pfanne anbraten, zur Seite stellen und abkühlen lassen.

2. Zwiebel in den Mixtopf geben, *5 Sekunden/Stufe 5* zerkleinern.

3. Schmand, Sweet-Chili-Sauce und Taco-Gewürz zugeben und *10 Sekunden/Stufe 3* verrühren, mit dem Hackfleisch vermischen.

4. Nudeln, Paprikawürfel, Tomaten, Cheddar und Salat in eine große Schüssel geben, mit der Hackfleisch-Mischung verrühren.

5. Tacos grob zerbröseln und untermischen. Sofort genießen.

TABOULEH-SALAT

6 PORTIONEN
LEICHT
30 MINUTEN + WARTEZEIT

ZUTATEN:

1 Handvoll Minzblätter
1 Bund glatte Petersilie
1000 g Wasser
½ TL Gemüsebrühpulver
250 g Bulgur
75 g Olivenöl
75 g frischer Zitronensaft
1 Paprikaschote, in Würfel geschnitten
1 Salatgurke, in Würfel geschnitten
150 g Cherrytomaten oder 3 Fleischtomaten, entkernt, in Würfel geschnitten
4 Frühlingszwiebeln, in Ringe geschnitten
Salz & Pfeffer

1. Petersilie und Minze waschen und in den Mixtopf geben, *3 Sekunden/Stufe 7* zerkleinern und umfüllen.

2. Wasser und Gemüsebrühpulver in den gereinigten Mixtopf geben, *6 Minuten/Varoma/Stufe 1* aufkochen.

3. Bulgur hinzufügen, *7 Minuten/100°C/Linkslauf/Sanftrührstufe* garen. In einem Sieb abtropfen und auskühlen lassen.

4. Öl, Zitronensaft und zerkleinerte Minz-Petersilien-Mischung in den Mixtopf geben, *5 Sekunden/Stufe 1/Linkslauf* verrühren und eine Stunde ziehen lassen.

5. Paprikawürfel, Salatgurkenwürfel, Tomatenwürfel und Frühlingszwiebeln mit Bulgur vermischen, das Dressing drübergeben und alles gut verrühren. Mit Salz und Pfeffer abschmecken.

6 PORTIONEN
LEICHT
30 MINUTEN

ORIENTALISCHER KARTOFFELSALAT

ZUTATEN:

1 kg Drillinge (kleine Kartoffeln)
800 g Wasser
250 g Cocktailtomaten, halbiert oder geviertelt
1 Bund Petersilie
4–5 Zweige Minze
Saft von 1 großen oder 2 kleinen Zitronen
1 Prise Kreuzkümmel (Cumin)
50 g Olivenöl
4 Frühlingszwiebeln, in Ringe geschnitten
Salz & Pfeffer

1. Kartoffeln waschen, sodass Ihr die Schale mitessen könnt, und in den Varoma-Behälter geben.

2. Wasser in den Mixtopf füllen und mit dem Deckel verschließen, den Varoma aufsetzen und *20 Minuten/Varoma/Stufe 1* garen.

3. Den Varoma abnehmen und die Kartoffeln abkühlen lassen, dann halbieren und in eine Schüssel geben.

4. Petersilie und Minze in den Mixtopf geben, *3 Sekunden/Stufe 8* zerkleinern. Mit dem Spatel alles vom Rand nach unten schieben.

5. Zitronensaft, Cumin und Öl hinzufügen, *10 Sekunden/Stufe 3* vermischen. Mit Salz und Pfeffer abschmecken.

6. Das Dressing mit Kartoffeln, Tomaten und Frühlingszwiebeln vermengen und etwa eine Stunde ziehen lassen.

ITALIENISCHER SCHICHTSALAT

4 PORTIONEN
LEICHT
25 MINUTEN + WARTEZEIT

ZUTATEN:

Salat:
200 g Nudeln (z. B. Penne)
Salz zum Kochen der Nudeln
250 g Mozzarella, gerieben oder in Stücke zerzupft
200 g Cocktailtomaten, halbiert
50 g Rucola

Dressing:
1 Knoblauchzehe, geschält
1 kleine Handvoll Basilikum
4 getrocknete Tomaten in Öl, abgetropft
150 g Frischkäse
150 g Naturjoghurt
2 EL Milch
2 EL Olivenöl
2 EL heller Balsamico-Essig
Salz & Pfeffer

Außerdem:
30 g Pinienkerne zum Bestreuen

1. Für den Salat Nudeln nach Packungsangabe bissfest kochen, abgießen und abtropfen lassen.

2. Rucola waschen, harte Stiele entfernen und ggf. klein schneiden.

3. Für das Dressing Knoblauchzehe, Basilikum und getrocknete Tomaten in den Mixtopf geben, *3 Sekunden/Stufe 8* zerkleinern. Mit dem Spatel alles vom Rand nach unten schieben und den Vorgang wiederholen.

4. Frischkäse, Joghurt, Milch, Öl und Balsamico-Essig hinzufügen, *30 Sekunden/Stufe 4* verrühren. Mit Salz und Pfeffer abschmecken.

5. Die Salatzutaten der Reihe nach in eine Schüssel schichten. Das Dressing darüber verteilen und im Kühlschrank drei bis vier Stunden ziehen lassen.

6. Pinienkerne in einer Pfanne ohne Fett rösten und den Salat mit Pinienkernen bestreut servieren.

ERDBEER-HÜHNCHEN-SALAT

CA. 4–6 PORTIONEN
LEICHT
30 MINUTEN

ZUTATEN:

Salat:

300 g Hähnchenbrust
Salz & Pfeffer
3 Salatherzen oder ca. 300 g Mischsalat
400 g Erdbeeren, halbiert oder geviertelt
60 g Cranberrys, getrocknet
1 rote Zwiebel, geschält, in Ringe geschnitten
50 g Fetakäse, zerbröselt
30 g Nüsse nach Wahl (z. B. Mandeln, Pekannuss etc.)

Erdbeer-Balsamico-Dressing:

200 g Erdbeeren, gewaschen
45 g Balsamico-Essig
60 g Olivenöl
1 TL Dijon-Senf
1 Knoblauchzehe, geschält
¼ TL Salz
¼ TL Pfeffer

1. Hähnchenbrust salzen und pfeffern, in der Pfanne oder auf dem Grill braten. Abkühlen lassen und in Scheiben schneiden oder grob zerzupfen.

2. Alle Zutaten für das Dressing in den Mixtopf geben, ***20 Sekunden/Stufe 5*** mixen.

3. Für den Salat die Salatherzen waschen und in Streifen schneiden oder den Michsalat waschen. In eine große Schüssel zusammen mit Erdbeeren, Cranberrys, Zwiebelringen, Fetakäse und Nüssen geben und mit dem Dressing vermischen.

4. Mit Hähnchenbrust anrichten.

6–8 PORTIONEN
LEICHT
30 MINUTEN

ZUTATEN:

200 g Pasta nach Wahl
500 g küchenfertiges Gyrosfleisch
250 g Cocktailtomaten
1 Salatgurke
1 rote Paprikaschote
200 g Schafskäse
1 kleine Dose Mais, abgetropft
2 Knoblauchzehen, geschält
1 Schalotte, geschält
400 g Naturjoghurt
100 g Crème fraîche
1 EL Olivenöl
¼ TL Salz
¼ TL Pfeffer
¼ TL Paprikapulver, edelsüß
½ TL Dill, getrocknet
¼ TL Oregano, getrocknet

GYROS-SALAT

1. Pasta nach Packungsanweisung garen, abgießen und in eine Schüssel geben.

2. Gyrosfleisch in einer Pfanne knusprig braun braten und zu den Nudeln geben.

3. Cocktailtomaten halbieren, Salatgurke schälen und würfeln. Paprikaschote entkernen, würfeln und Schafskäse (Feta) würfeln, alles zusammen mit Mais in die Schüssel geben.

4. Knoblauchzehen und Schalotte in den Mixtopf geben, *5 Sekunden/ Stufe 5* zerkleinern. Mit dem Spatel alles vom Rand nach unten schieben.

5. Joghurt, Crème fraîche, Öl, Salz, Pfeffer, Paprikapulver, Dill und Oregano hinzufügen und *10 Sekunden/ Stufe 4* verrühren.

6. Das Dressing über den Salat geben, gut vermischen und vor dem Servieren etwas ziehen lassen.

4–6 PORTIONEN
LEICHT
60 MINUTEN + WARTEZEIT

BACKKARTOFFELSALAT MIT RUCOLA-PESTO

ZUTATEN:

1 kg Drillinge (kleine Kartoffeln)
1 TL Meersalz
3 EL + 150 g Olivenöl
1 Knoblauchzehe, geschält
20 g Parmesan
½ Bund Basilikum
70 g + 1 kleine Handvoll Rucola
1 EL Pinienkerne
20 g Weißweinessig
1 Prise Salz & Pfeffer
200 g Cherrytomaten, halbiert

1. Den Backofen auf 180°C Umluft oder 200°C Ober-/Unterhitze vorheizen.

2. Kartoffeln waschen und mit Schale halbieren, in einer Schüssel mit Meersalz und drei Esslöffel Öl mischen. Auf einem Backblech verteilen und im heißen Ofen 35 bis 40 Minuten backen, abkühlen lassen.

3. Für das Pesto Pinienkerne in einer Pfanne ohne Fett rösten, herausnehmen und auskühlen lassen.

4. Knoblauch, Parmesan, Pinienkerne, Basilikum und 70 g Rucola in den Mixtopf geben, *6 Sekunden/Stufe 8* zerkleinern.

5. Restliches Öl, Essig, Salz und Pfeffer hinzufügen, *20 Sekunden/Stufe 3* mischen.

6. Kartoffeln mit Tomaten und Pesto vermengen und etwa eine Stunde durchziehen lassen.

6. Kleine Handvoll Rucola untermischen und nochmals abschmecken.

SOMMER-NUDEL-SALAT

6 PORTIONEN
LEICHT
30 MINUTEN + WARTEZEIT

ZUTATEN:

250 g gekochte Farfalle
1 Dose Mais (Abtropfgewicht 285 g)
1 Dose Ananas, in Stücken (Abtropfgewicht 340 g)
1 rote Paprikaschote, in Würfel geschnitten
140 g Joghurt
80 g Mayonnaise
80 g flüssige Sahne
Saft einer halben Zitrone
½ TL Zucker
Salz & Pfeffer
frischer Schnittlauch, in Röllchen geschnitten

1. Nudeln auf dem Herd nach Packungsangabe kochen, abgießen, kurz abspülen und in eine Schüssel geben.

2. Joghurt, Mayonnaise, Sahne, Zitronensaft, Zucker und einen guten Schluck Ananassaft in den Mixtopf geben, *1 Minute/Stufe 4* verrühren.

3. Abgetropften Mais, Paprikawürfel und Ananasstücke zu den Nudeln geben.

4. Das Dressing mit Salz und Pfeffer abschmecken und über die Nudeln gießen. Mit Schnittlauch garnieren und durchziehen lassen.

PASTASALAT BRUSCHETTA

6 PORTIONEN
LEICHT
30 MINUTEN

ZUTATEN:

500 g Tomaten
1 Zwiebel, geschält
2 Knoblauchzehen, geschält
½ Bund Basilikum
400 g Pasta nach Wahl
30 g Olivenöl
4 EL heller Balsamico
Salz & Pfeffer

1. Tomaten waschen, Stielansatz entfernen, würfeln und in eine Schüssel geben.

2. Zwiebel, Knoblauch und Basilikum in den Mixtopf geben, *3 Sekunden/Stufe 6* zerkleinern.

3. Olivenöl hinzufügen und *2 Minuten/120°C/Stufe 1* dünsten, mit Balsamico zu den Tomaten geben, gut vermischen und mit Salz und Pfeffer abschmecken. 15 Minuten ziehen lassen.

4. In der Zwischenzeit die Nudeln nach Packungsangabe auf dem Herd kochen, abschütten und etwas abkühlen lassen.

5. Abgekühlte Nudeln mit dem Tomatengemisch vermengen und erneut abschmecken.

6. Mit frischem Basilikum garniert servieren.

SOLLTE DER SALAT VOR DEM SERVIEREN LÄNGERE ZEIT STEHEN, IST ES MÖGLICH, DASS DIE NUDELN VIEL FLÜSSIGKEIT AUFSAUGEN. DANN EINFACH NOCH MAL MIT OLIVENÖL, BALSAMICO, SALZ UND PFEFFER NACHWÜRZEN

JOGHURT-DRESSING

CA. 700 ML | LEICHT | 10 MINUTEN

ZUTATEN:

100 g Apfelessig
50 g Honig
1 TL Gemüsebrühpulver
120 g Wasser
100 g Schmand
250 g cremiger Naturjoghurt
1 TL Dijon-Senf
90 g Rapsöl
1 EL gemischte TK-Kräuter
1 TL Salz
2 Prisen Pfeffer
¼ TL Knoblauch- und Zwiebelpulver

1. Apfelessig, Honig, Gemüsebrühpulver und Wasser in den Mixtopf geben, *7 Minuten/100 °C/Stufe 1* aufkochen.
2. Restliche Zutaten hinzufügen, *20 Sekunden/Stufe 4* verrühren. In eine Flasche umfüllen (Haltbarkeit: verschlossen ca. zwei Monate).

RANCH-DRESSING

CA. 400 ML | LEICHT | 10 MINUTEN

ZUTATEN:

1 Knoblauchzehe, geschält
½ Bund Petersilie
2 EL Schnittlauch, in Röllchen geschnitten
1 TL Dill, getrocknet
½ TL Zwiebelpulver
200 g Mayonnaise
110 g saure Sahne
1 TL Worcestersauce
1 Spritzer heller Balsamico
⅛ TL Pfeffer
¼ TL Salz
1 gute Prise Paprikapulver, edelsüß
30–50 g Buttermilch (je nach gewünschter Konsistenz)

1. Knoblauchzehe und Petersilie in den Mixtopf geben und *3 Sekunden/Stufe 8* zerkleinern.
2. Restliche Zutaten hinzufügen und *25 Sekunden/Stufe 3* verrühren.

MIT DER MENGE DER BUTTERMILCH KÖNNT IHR JE NACH GEWÜNSCHTER KONSISTENZ VARIIEREN. WENN DAS RANCH-DRESSING ALS DIP GEGESSEN WERDEN SOLL, SOLLTET IHR WENIGER BUTTERMILCH NEHMEN

DIESE SALATSAUCE IST EINE DER BELIEBTESTEN IN DEN USA. SIE SCHMECKT WUNDERBAR ZU VIELEN BLATTSALATEN UND AUCH SALATMISCHUNGEN. GERN NEHMEN WIR SIE AUCH ALS BELAG ZU BURGERN UND SANDWICHES. MIT EINEM ESSLÖFFEL COGNAC KÖNNT IHR DAS DRESSING NOCH ABRUNDEN
CAESAR-DRESSING
THOUSAND ISLAND DRESSING
HIMBEER-VINAIGRETTE
FRENCH DRESSING

THOUSAND ISLAND DRESSING

1 PORTIONEN | LEICHT | 10 MINUTEN

ZUTATEN:

1 Schalotte, geschält
je ⅓ rote und grüne Paprikaschote
1 Cornichon (kleine Gewürzgurke)
100 g Mayonnaise
60 g Sahne
30 g Orangensaft
1 TL Dijon-Senf
80 g Ketchup
1 Spritzer Worcestersauce
⅓ TL Paprikapulver, edelsüß
2 Msp. Chilipulver
Salz & Pfeffer

1. Schalotte, rote und grüne Paprikaschote und Cornichon in den Mixtopf geben, *5 Sekunden/Stufe 5* zerkleinern. Mit dem Spatel alles vom Rand nach unten schieben.
2. Mayonnaise, Sahne, Orangensaft, Senf, Ketchup, Worcestersauce, Paprikapulver und Chilipulver hinzufügen, *15 Sekunden/Stufe 3* verrühren. Mit Salz und Pfeffer abschmecken.

CAESAR-DRESSING

1 PORTIONEN | LEICHT | 5 MINUTEN

ZUTATEN:

2 Knoblauchzehen, geschält
1 Ei (Größe L)
1 TL Dijon-Senf
1 TL Sardellenpaste
1 TL Zitronensaft
1 TL Weißweinessig
1 TL Worcestersauce
150 g Rapsöl
30 g Parmesan, gerieben
¼ TL Salz
¼ TL Pfeffer

1. Knoblauchzehen, Ei, Senf, Paste, Zitronensaft, Essig und Worcestersauce in den Mixtopf geben und *10 Sekunden/Stufe 6* mixen, mit dem Spatel alles vom Rand nach unten schieben.
2. Den Thermomix® auf *Stufe 4* einstellen und das Öl langsam auf den Mixtopf-Deckel geben, sodass es am Messbecher vorbei in den Mixtopf tröpfeln kann. Nach ein bis zwei Minuten die Konsistenz kontrollieren und ggf. Zeit nachgeben.
3. Wenn die Mayonnaise die gewünschte Konsistenz erreicht hat, Parmesan, Salz und Pfeffer hinzufügen und *10 Sekunden/Stufe 3* unterrühren.

HIMBEER-VINAIGRETTE

1 PORTIONEN | LEICHT | 5 MINUTEN

ZUTATEN:

125 g Himbeeren
120 g Öl
30 g Himbeeressig
2 EL Holunderblütensirup
1 TL Dijon-Senf
30 g Orangensaft
Salz & Pfeffer

Alle Zutaten in den Mixtopf geben und *30 Sekunden/Stufe 8* mixen. Mit Salz und Pfeffer abschmecken.

DIE VINAIGRETTE VERLEIHT ALLEN BLATTSALATEN EINE FRUCHTIG-FRISCHE NOTE. SIE SCHMECKT AUCH WUNDERBAR ZU SPARGEL UND KÄSE

FRENCH DRESSING

CA. 500 ML | LEICHT | 10 MINUTEN

ZUTATEN:

50 g Zwiebeln, geschält
90 g Wasser
½ TL Salz
1 EL Wasser
1 Ei (Größe M)
20 g Kartoffelstärke
70 g Estragonessig (oder anderer Kräuteressig)
1 TL Dijon-Senf
1 Prise Cayennepfeffer, gemahlen
1 Prise Pfeffer
1 EL Honig
1 TL Worcestersauce
1 Spritzer Zitronensaft
250 g Raps- oder Sonnenblumenöl
Salz & Pfeffer
Schnittlauch, in Röllchen geschnitten (optional)

1. Zwiebeln in den Mixtopf geben, *5 Sekunden/Stufe 5* zerkleinern.
2. Wasser und Salz zugeben, *3 Minuten/100°C/Stufe 1* aufkochen.
3. In der Zwischenzeit einen Esslöffel Wasser mit Ei und Kartoffelstärke in einer kleinen Schüssel verrühren, in den Mixtopf dazugeben und *10 Sekunden/Stufe 3* verrühren. Den Mixtopf-Inhalt auf 65°C abkühlen lassen.
4. Essig, Senf, Cayennepfeffer, Pfeffer, Honig, Worcestersauce und Zitronensaft in den Mixtopf hinzufügen.
5. *Stufe 3.5* einstellen und Öl durch die Deckelöffnung langsam zulaufen lassen, ohne den Messbecher abzunehmen (Dauer: ca. 3 Minuten). Wenn das Öl vollständig eingetropft ist, *1 Minute/Stufe 7* mixen und noch mal mit Salz und Pfeffer abschmecken.
6. Nach Belieben mit Schnittlauchröllchen verfeinern. Sofort servieren oder im Kühlschrank aufbewahren.

Grillbrot, Buns & Rolls

SELBSTGEMACHTE BUNS MACHEN DEN BURGER ZUM ABSOLUTEN LECKERBISSEN! MANU HAT DEN SEKTKÜHLER ZUR BROTSCHALE UMFUNKTIONIERT – SIEHT DOCH SUPER AUS!?!

Last Minute Burger Buns

6 STÜCK
LEICHT
10 MINUTEN + BACKZEIT

ZUTATEN:

470 g Mehl
1 TL Natron
1 TL Backpulver
1 TL Salz
360 g Buttermilch
70 g weiche Butter

Außerdem:
Mehl zum Bearbeiten

1. Den Backofen auf 200°C Ober-/Unterhitze vorheizen und ein Backblech mit Backpapier auslegen.

2. Alle Zutaten in den Mixtopf geben und *3 Minuten/Teigstufe* kneten.

3. Den weichen und klebrigen Teig auf eine gut bemehlte Arbeitsfläche geben. Den Teig gleichermaßen bemehlen und in sechs gleich große Portionen teilen (gelingt am besten mit einer Teigkarte). Den Teig zu Brötchen formen, auf das Backblech legen, mit Mehl bestäuben und mit einem scharfen Messer an der Oberfläche nach Belieben einschneiden.

4. Im Ofen ca. 20 Minuten goldbraun backen.

EINFACH NUR MIT BUTTER ODER EINEM MEDITERRANEN AUFSTRICH GENIESSEN. DAS BROT IN EINEM OFENFESTEN BRÄTER, RÖMERTOPF® ODER OFENMEISTER VON PAMPERED CHEF BACKEN

1 BROT
LEICHT
10 MINUTEN + WARTEZEIT UND BACKZEIT

Tomatenbrot

ZUTATEN:

100 g getrocknete Tomaten
200 g Wasser
200 g Milch
20 g Zuckerrübensirup
15 g frische Hefe
500 g Mehl, Type 550
180 g Weizenvollkornmehl
1 EL Backmalz (optional)
1 EL Oregano
3 EL Olivenöl (ca. 35 g)
2 TL Salz
1 TL heller Essig

Außerdem:
Mehl zum Bearbeiten

1. Getrocknete Tomaten in den Mixtopf geben, *10 Sekunden/Stufe 7* zerkleinern und umfüllen.
2. Wasser, Milch, Sirup und Hefe in den Mixtopf geben, *3 Minuten/37°C/Stufe 2* erwärmen.
3. Restliche Zutaten und zerkleinerte Tomaten hinzufügen und *4 Minuten/Teigstufe* kneten, in eine Schüssel umfüllen und abgedeckt 90 Minuten ruhen lassen.
4. Den weichen Teig auf eine bemehlte Arbeitsfläche geben, mithilfe einer Teigkarte 10-mal zusammenfalten und einen Brotlaib formen, in eine ofenfeste Form mit Deckel geben und weitere 30 bis 60 Minuten gehen lassen.
5. Die Oberfläche des Brotes mit Mehl bestreuen und mit einem scharfen Messer mehrmals einschneiden. Den Deckel aufsetzen und den Topf auf der untersten Schiene in den kalten Backofen schieben.
6. Das Brot wird bei 240°C Ober-/Unterhitze ca. 60 Minuten gebacken. Den Deckel abnehmen und weitere 5 bis 10 Minuten bis zur gewünschten Bräune backen.
7. Das Brot aus dem Ofen nehmen und auf einem Kuchengitter komplett auskühlen lassen.

6 STÜCK
LEICHT
30 MINUTEN + WARTEZEIT UND BACKZEIT

Mini-Focaccia

ZUTATEN:

Teig:

300 g Wasser
½ Würfel frische Hefe
1 EL Honig (ca. 10 g)
480 g Mehl, Type 550
50 g Olivenöl
1 TL Meersalz

Zum Bestreichen:

40 g Olivenöl
1 TL Meersalz
1 TL Pfeffer
1 Prise Chiliflocken
½ TL Rosmarin, getrocknet
½ TL Thymian, getrocknet
½ TL Knoblauchpulver

Außerdem:

Mehl zum Bearbeiten

1. Für den Teig Wasser, Hefe und Honig in den Mixtopf geben und *3 Minuten/37°C/Stufe 2* erwärmen, dann zehn Minuten ruhen lassen.

2. Restliche Teigzutaten hinzufügen und *5 Minuten/Teigstufe* kneten. Den weichen Teig in eine Schüssel umfüllen und mindestens 90 Minuten ruhen lassen.

3. Den weichen Teig auf eine bemehlte Arbeitsfläche geben, in etwa sechs gleich große Portionen teilen und behutsam flachdrücken. Sie müssen nicht großartig geformt werden.

4. Olivenöl mit Meersalz, Pfeffer, Chiliflocken, Rosmarin, Thymian und Knoblauchpulver verrühren und die Teigfladen damit bestreichen, abgedeckt weitere 30 Minuten ruhen lassen.

5. Den Backofen auf 200°C Umluft vorheizen. Mit den Fingern kleine Mulden in den Teig drücken und 10 bis 15 Minuten goldbraun backen.

TIPP!

DIESE FLUFFIGEN BÄLLCHEN PASSEN WUNDERBAR ZUM ABENDESSEN UND ZUR SUPPE UND SIND AUCH ALS GRILLBEILAGE GEEIGNET

TIPP!
IM KÜHLSCHRANK BLEIBT DIE MISCHUNG BIS ZU EINEM MONAT LANG FRISCH

Knoblauchbällchen

24 STÜCK
LEICHT
20 MINUTEN + WARTEZEIT UND BACKZEIT

ZUTATEN:

Teig:
250 g Milch
½ Würfel frische Hefe
15 g Zucker
500 g Mehl, Type 550
1 TL Salz
1 Ei (Größe M)
70 g geschmolzene Butter

Zum Bestreichen:
1 EL geschmolzene Butter
1 EL Knoblauchbrot-Gewürz

1. Für den Teig Milch, Hefe und Zucker in den Mixtopf geben, *3 Minuten/37°C/Stufe 2* erwärmen.
2. Restliche Zutaten hinzufügen und *4 Minuten/Teigstufe* kneten, umfüllen und mindestens eine Stunde ruhen lassen.
3. Den Teig in 24 gleich große Portionen teilen, zu Kugeln formen und auf ein mit Backpapier ausgelegtes Backblech geben, abgedeckt noch mal eine Stunde ruhen lassen.
4. Den Backofen auf 190°C Ober-/Unterhitze vorheizen und die Bällchen ca. 20 Minuten goldbraun backen.
5. Butter mit Knoblauchbrot-Gewürz verrühren und die Bällchen mit dieser Mischung sofort bepinseln.

Knoblauchbrot-Gewürz

CA. 45 G
LEICHT
5 MINUTEN

ZUTATEN:

25 g Parmesan
1 TL Salz
1 TL Knoblauchpulver
1 TL Oregano, getrocknet
1 TL Basilikum, getrocknet
1 TL Petersilie, getrocknet

1. Parmesan in den Mixtopf geben, *10 Sekunden/Stufe 10* zerkleinern.
2. Salz, Knoblauchpulver und Kräuter hinzufügen, *10 Sekunden/Stufe 3* verrühren.
3. Entweder pur auf warmes Baguette, Grissini oder auch Hähnchenfleisch streuen. Alternativ einen Esslöffel geschmolzene Butter mit einem Esslöffel Gewürzmischung verrühren und darauf verstreichen.

So herzhaft kann Brot sein!

Pane Bianco – Grillbrot

1 BROT
MITTEL
30 MINUTEN + WARTEZEIT UND BACKZEIT

ZUTATEN:

Füllung:
100 g getrocknete Tomaten
3–4 Knoblauchzehen, geschält
70 g Basilikum-Öl
80 g Mozzarella, gerieben

Teig:
120 g Milch
80 g Wasser
½ Würfel frische Hefe
400 g Mehl
1,5 TL Salz
1 Ei (Größe L)
35 g Basilikum-Öl

Außerdem:
Öl für die Schüssel
Mehl zum Bearbeiten
1 Ei & 1 Schuss Milch, verquirlt
gehackte Basilikumblätter zum Bestreuen

1. Für die Füllung getrocknete Tomaten und Knoblauchzehen in den Mixtopf geben, *5 Sekunden/Stufe 7* zerkleinern. In eine Schüssel umfüllen, mit Basilikum-Öl vermischen und ca. eine Stunde darin marinieren.
2. Für den Teig Milch, Wasser und Hefe in den gereinigten Mixtopf geben, *3 Minuten/37°C/Stufe 2* erwärmen.
3. Restliche Teigzutaten hinzufügen, *5 Minuten/Teigstufe* kneten. Eine Schüssel mit Öl ausreiben, den Teig hineingeben und abgedeckt ca. eine Stunde gehen lassen.
4. Den Teig auf eine bemehlte Arbeitsfläche geben und zu einem Rechteck von ca. 20 x 50 cm ausrollen. Zerkleinertes Tomaten-Knoblauch-Gemisch gut abtropfen lassen und mit Mozzarella auf dem Teig verteilen.
5. Den Teig von der langen Seite her aufrollen und mit der Naht nach unten auf ein mit Backpapier ausgelegtes Backblech geben.
6. Die Teigrolle mit einem scharfen Messer von oben ca. 1,5 cm tief einschneiden, die Enden dabei zusammenlassen. Die Teigrolle mit dem Schnitt nach oben zu einem S legen und die Enden in der Mitte unter dem Teig verstecken, sodass eine 8 entsteht.
7. Den Teig mit verquirltem Ei bestreichen und abgedeckt noch mal 45 bis 60 Minuten ruhen lassen.
8. Den Backofen auf 175°C Ober-/Unterhitze vorheizen, dann ca. 40 Minuten backen.
9. Auf einem Kuchengitter abkühlen lassen und mit gehackten Basilikumblättern bestreut servieren.

WENN IHR KLEINERE FLADEN BACKT, KÖNNT IHR SIE AUCH PRIMA FÜLLEN

1 GROSSER ODER 4 KLEINERE FLADEN
LEICHT
20 MINUTEN + WARTEZEIT UND BACKZEIT

Fladenbrot

ZUTATEN:

40 g Milch
5 g frische Hefe
1 Prise Zucker
215 g Wasser
360 g Mehl, Type 550
2 TL Salz

Außerdem:

Mehl zum Bearbeiten
Olivenöl zum Bestreichen
Sesam zum Bestreuen

1. Milch, Hefe und Zucker in den Mixtopf geben und *3 Minuten/37°C/Stufe 2* erwärmen, dann 15 Minuten ruhen lassen.

2. Wasser und Mehl hinzufügen und *5 Minuten/Teigstufe* kneten. Salz zugeben und noch mal *5 Minuten/Teigstufe* kneten. Den Teig in eine Schüssel geben und abgedeckt 12 bis 24 Stunden in den Kühlschrank stellen.

3. Den Teig auf einer leicht bemehlten Arbeitsfläche zu einer Kugel formen und abgedeckt 15 Minuten ruhen lassen.

4. Den Backofen auf 250°C Ober-/Unterhitze vorheizen.

5. Anschließend den Teig ca. 1 cm dick ausrollen (Ø ca. 20–25 cm), dabei die Ränder etwas dicker lassen. Nicht zu fest drücken, sonst werden die Luftbläschen zerstört. Nach Belieben ein Muster hineindrücken, hauchdünn mit Olivenöl bestreichen und mit Sesam bestreuen.

6. Die Teigfladen auf ein mit Backpapier ausgelegtes Backblech geben und ca. 15 bis 20 Minuten goldbraun backen.

1 BROT
LEICHT
30 MINUTEN + WARTEZEIT UND BACKZEIT

Monkey Bread Caprese

ZUTATEN:

Teig:

140 g Wasser
50 g Milch
½ Würfel frische Hefe
1 TL Zucker
1 EL Öl
1,5 TL Salz
370 g Mehl

Füllung:

2 Knoblauchzehen, geschält
1 Handvoll Basilikumblätter
30 g Olivenöl
½ TL Salz
5 Cocktailtomaten, geviertelt
150 g Büffel-Mozzarella, zerzupft

1. Wasser, Milch, Hefe und Zucker in den Mixtopf geben, *3 Minuten/37°C/Stufe 2* erwärmen. Zehn Minuten ruhen lassen.
2. Öl, Salz und Mehl hinzufügen und *5 Minuten/Teigstufe* kneten.
3. Den Teig in eine Schüssel umfüllen und ca. eine Stunde ruhen lassen, bis sich sein Volumen sichtbar vergrößert hat.
4. Knoblauch und Basilikum in den gereinigten Mixtopf geben, *3 Sekunden/Stufe 8* zerkleinern. Öl und Salz hinzufügen, *10 Sekunden/Stufe 2* unterrühren und in eine kleine Schüssel umfüllen. Eine Kastenform bereitstellen.
5. Vom Teig kleine Stücke abreißen (ca. 1 cm groß), in das Basilikum-Öl tauchen und die Bällchen in die Kastenform geben. Ich hatte ca. 25 kleine Bällchen.
6. Abgedeckt 30 Minuten ruhen lassen. Den Backofen auf 230°C Ober-/Unterhitze vorheizen.
7. Tomaten und Mozzarella auf dem Zupfbrot verteilen, die Temperatur auf 200°C reduzieren und im Ofen ca. 30 Minuten goldbraun backen.

TIPP!

WER SEIN GYROSFLEISCH SELBST MACHEN MÖCHTE: 500 G SCHWEINEFLEISCH SCHNETZELN, 2 ZWIEBELN SCHÄLEN UND IN STREIFEN SCHNEIDEN, MIT 20 G ÖL UND 1 EL GYROSGEWÜRZ MISCHEN

ZU DEN BRÖTCHEN PASST NATÜRLICH WUNDERBAR ZAZIKI

8 STÜCK
LEICHT
30 MINUTEN + WARTEZEIT UND BACKZEIT

Gyrosbrötchen

ZUTATEN:

500 g küchenfertiges, gewürztes Gyrosfleisch
Öl zum Anbraten

Teig:
280 g Wasser
10 g frische Hefe
½ TL Zucker
500 g Mehl, Type 550
1,5 TL Salz
20 g Olivenöl

Creme:
2 Knoblauchzehen, geschält
200 g Frischkäse
100 g Crème fraîche
50 g griechischer Joghurt
½ TL Salz
¼ TL weißer Pfeffer
½ TL Oregano, getrocknet

1. Für den Teig Wasser, Hefe und Zucker in den Mixtopf geben, *3 Minuten/37°C/Stufe 2* erwärmen.

2. Restliche Teigzutaten hinzufügen und *5 Minuten/Teigstufe* kneten, in eine Schüssel umfüllen und abgedeckt 90 Minuten gehen lassen.

3. Für die Creme Knoblauchzehen in den gereinigten Mixtopf geben, *5 Sekunden/Stufe 5* zerkleinern. Mit dem Spatel alles vom Rand nach unten schieben.

4. Frischkäse, Crème fraîche, Joghurt, Salz, Pfeffer und Oregano zugeben, *15 Sekunden/Stufe 3* verrühren.

5. Öl in einer Pfanne erhitzen und Gyrosfleisch rundherum knusprig braten, herausnehmen und beiseitestellen.

6. Den Teig auf eine bemehlte Arbeitsfläche geben und in acht gleich große Portionen teilen.

7. Jeden Teigling zu einem Fladen von ca. 12 x 20 cm ausrollen, mit Creme bestreichen und mit Gyros belegen. Die Seiten einklappen, gut verschließen und andrücken. Die Brötchen mit der Naht nach unten auf ein Backblech geben und noch mal abgedeckt 20 Minuten ruhen lassen.

8. Den Backofen auf 220°C Ober-/Unterhitze vorheizen und die Gyrosbrötchen 20 bis 25 Minuten goldbraun backen.

7 BRÖTCHEN
LEICHT
20 MINUTEN + WARTEZEIT UND BACKZEIT

Parker House Rolls

ZUTATEN:

330 g Milch
½ Würfel frische Hefe
50 g Butter
600 g Mehl
1 TL Salz
30 g Zucker
1 Ei (Größe M)
20 g Olivenöl
2 EL geschmolzene Butter zum Bestreichen
Salz zum Bestreuen

Außerdem:
Öl für die Schüssel
Form (Ø 23 cm)

1. Milch, Hefe und Butter in den Mixtopf geben, *3 Minuten/37°C/Stufe 2* erwärmen.

2. Mehl, Salz, Zucker, Ei und Öl hinzufügen, *4 Minuten/Teigstufe* kneten. Den Teig in eine geölte Schüssel umfüllen und ca. eine Stunde ruhen lassen.

3. Den Backofen auf 180°C Ober-/Unterhitze vorheizen.

4. Den Teig in ca. sieben gleich große Portionen teilen, zu Kugeln formen und in die Form setzen. Mit geschmolzener Butter bestreichen und ca. 25 Minuten goldbraun backen.

5. Nach dem Backen erneut mit geschmolzener Butter bestreichen, mit Salz bestreuen und warm servieren.

IHR KÖNNT AUCH EINE SPRINGFORM ODER ECKIGE FORM NUTZEN UND KLEINERE BRÖTCHEN FORMEN

Herzfelds Lieblinge

HEAVENLY ROLLS

„ALLEM KANN ICH WIDERSTEHEN, NUR DER VERSUCHUNG NICHT!" OSCAR WILDE

UNSERE HEAVENLY ROLLS! DER NAME SAGT SCHON ALLES, DENN SIE SIND BUTTERWEICH UND SOFT – ALSO EINFACH HIMMLISCH ...

CA. 24 STÜCK
LEICHT
30 MINUTEN + WARTEZEIT UND BACKZEIT

ZUTATEN:

60 g Wasser
1 Pk. Trockenhefe oder ½ Würfel frische Hefe
½ TL Zucker
240 g Milch
100 g Raps- oder Sonnenblumenöl
100 g Zucker
1 TL Salz
520 g Mehl, Type 550

Außerdem:
ca. 50 g geschmolzene Butter zum Ein- und Bestreichen
Mehl für die Arbeitsfläche

1. Wasser, Hefe und einen halben Teelöffel Zucker in den Mixtopf geben, *3 Minuten/37°C/Stufe 2* erwärmen. Zehn Minuten quellen lassen.
2. Nun die restlichen Zutaten hinzufügen, *4 Minuten/Teigstufe* kneten.
3. Den leider etwas klebrigen Teig in eine Schüssel geben und abgedeckt ca. 1,5 bis 2 Stunden gehen lassen, bis sich sein Volumen sichtbar verdoppelt hat.
4. Den Teig auf eine gut bemehlte Arbeitsfläche geben und in zwei gleich große Portionen teilen. Jedes Teigstück zu einer Kugel formen und rund ausrollen (zu einem Durchmesser von etwa 30 cm).
5. Die Teigkreise mit geschmolzener Butter einstreichen und mit einem Pizzaschneider in zwölf Stücke teilen, wie bei einer Torte.
6. Von der breiten Seite her jedes Teigstück aufrollen und in eine große Auflaufform oder Backform (ca. 30 x 40 cm) legen.
7. Das Ganze noch mal mit einem Handtuch ca. eine Stunde abdecken, bis es sich wieder deutlich vergrößert hat.
8. Den Backofen auf 190°C Ober-/Unterhitze vorheizen.
9. Die Rolls in den Backofen geben und ca. 20 Minuten goldbraun backen. Noch warm mit etwas geschmolzener Butter leicht bestreichen. So bleiben sie supersoft.

75 YEARS
GEFU®
Lust auf Sommer-Genuss?
Schneidet aus Cocktailtomaten, Champignons, Radieschen, Erdbeeren, Weintrauben, Kiwis und vielem mehr 4 mm dicke Scheiben.
Stöbern lohnt sich!
Tolle Rezepte - tolle Angebote!
www.GEFU.com
Kiwi mit Passionsfruchtpudding und Krokant
Rezepte unter: www.gefu.com/rezepte
Scheibenschneider RAPIDO
GEFU
GEFU – Entdecke Deine Kochkunst.
www.gefu.com

Küchenhelfer

SO SÜSS

Eine absolute Gute-Laune-Garantie verspricht das farbenfrohe Geschirr von **PiP Studio**. Auf den Tellern der neuen Serie Floral Cherry schmecken die frischen Gerichte gleich noch ein klein bisschen leckerer. Preis: z. B. Teller 17 cm ab 9,95 Euro **www.pipstudio.de**

SO SCHÖN

DAS HEISSE DUO

Lecker! Z. B. Pizza so kross wie in Italien, dank neuem Stein aus reinem weißem Ton von **Pampered Chef**. Und damit Ihr Euch nicht die Finger verbrennt, gibt's noch die passenden Ofenhandschuhe aus Silikon dazu. Ihr könnt die Produkte nicht nur unter **www.herzfeld-shop-pamperedchef.de** bestellen, sondern auch eine Kochshow bei Euch zu Hause veranstalten. Einen Pampered-Chef-Berater in Eurer Nähe findet Ihr online unter **www.shop-pamperedchef.de/beratersuche**.

EINGEWECKT

Etwas zweckentfremdet eignen sich die **WECK**-Saftflaschen in der Grill-Saison auch wunderbar für selbstgemachte Saucen und sind ein echter Hingucker auf dem Tisch. Preis: 6 Stück ab 5,90 Euro **www.weck.de**

AUFGETISCHT

Die Marke **RICE** steht für farbenfrohe Produkte, welche die Langeweile aus dem Alltag vertreiben. Und so wird dank der großen Salatschüssel mit verspieltem Rand aus einem einfachen Beilagensalat ein Augenschmaus. Preis: 14,90 Euro **www.ricebyrice.com**

HERZALLERLIEBST

Die wichtigsten Zutaten sind Liebe und Leidenschaft – ob beim Kochen oder Dekorieren der festlichen Tafel. Da dürfen natürlich auch kleine farbenfrohe Akzente nicht fehlen, wie etwa die süßen Après-Servietten von **BUTLERS.** Preis: 2,99 Euro **www.butlers.com**

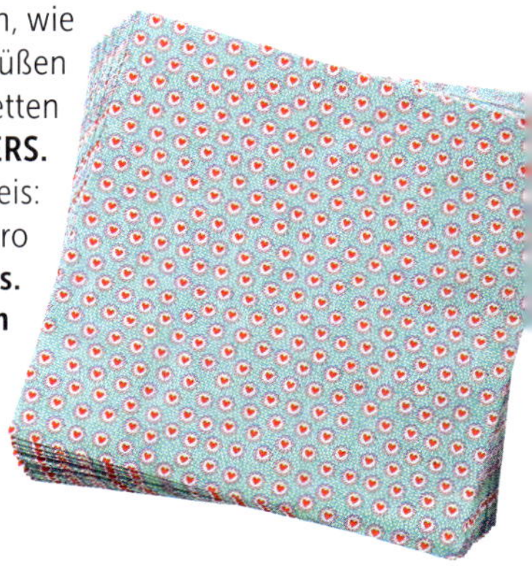

ERFRISCHEND

Ruckzuck fertig. Gerade einmal 15 Minuten müsst Ihr Euch gedulden, wenn Ihr Lust auf ein Schleckeis habt. Die vorgekühlten Eisförmchen von **Rosenstein & Söhne** sind ideal, wenn es mal schnell gehen muss. Preis: ab 16,90 Euro **www.pearl.de**

EINGETOPFT

Wer kennt das auch? Man hat frische Kräuter gekauft, und schwups sind sie auch schon vertrocknet. In den Pflanztöpfen von **Lechuza Cube** mit Docht-Bewässerungssystem gedeihen Kräuter das ganze Jahr auf der Fensterbank. Preis: ab 7,99 Euro **www.lechuza.de**

SCHICK SEIT 1858

Damals wie heute sind die **Mason Jars** nicht nur praktisch beim Einkochen, sondern auch hübsch zum Ansehen. Somit auch bestens für spritzige Sommerdrinks geeignet. Preis: ab 5,21 Euro **www.jarjar.de**

Gewürz-Lexikon

GEWÜRZE DÜRFEN IN EINER KÜCHE NICHT FEHLEN. SIE VERWANDELN JEDES GERICHT IN EINEN GAUMENSCHMAUS.

	SAISON	GESCHMACK	VERWENDUNG	HERKUNFT	TIPP VON MANUELA	BALKON-TAUGLICH
VANILLE 	Frühling Sommer Herbst Winter	Vanille duftet betörend, und der Geschmack ist süß und leicht würzig	Klassisch in Süßspeisen, schmeckt aber auch zu Fleisch, Gemüse und Fisch	Sie ist die Königin der Gewürze und kommt ursprünglich aus Mexiko	Vanille-Extrakt ist unser Liebling und in vielen Rezepten zu finden	Nein, da der Anbau von Vanille sehr aufwendig und zeitintensiv ist
BASILIKUM 	Sommer	Sein frisches Aroma wird von einer Bitternote und leichter Schärfe begleitet	Es sorgt für das mediterrane Flair und schmeckt in warmen sowie kalten Speisen	Seine ursprüngliche Herkunft wird in Indien oder Westasien vermutet	In Kombination mit Tomaten entfaltet es sein unvergleichliches Aroma	Ja – Basilikum braucht aber viel Erde und Sonne, um wachsen zu können
PETERSILIE 	Frühling Sommer	Das frische Aroma wird von einer würzigen, muskatartigen Note unterstützt	Sie schmeckt zu allen herzhaften Gerichten und sorgt für ein würziges Finish	Ihren Ursprung hat die Petersilie in der Antike im südlichen Mittelmeerraum	Sie glänzt mit einer Fülle an gesunden Vitalstoffen und Spurenelementen	Ja, und bitte regelmäßig gießen, aber Staunässe vermeiden
KNOBLAUCH 	Sommer Herbst	Gefürchtet und geliebt: sein scharfer Geruch und lauchartiger Geschmack	Die Liste von Rezepten mit ihm ist lang, und er findet vielfältig Verwendung	Bei den alten Ägyptern wurde eine Knolle als Grabbeigabe mitgegeben	Wir lieben Knoblauch und verfeinern viele Gerichte mit einer Zehe	Ja, am besten in einem Blumenkasten mit humosem Boden und viel Sonne
CHILISCHOTEN 	Sommer	Es gibt Hunderte Arten von Chilis: von megascharf bis leicht karamellartig	Sie schmecken zu allem, wo ein feuriges Aroma erwünscht ist. Vorsichtig dosieren!	Chilischoten stammen ursprünglich aus Mittel- und Südamerika	Chilis gibt es in getrockneter Form. So haben wir immer etwas davon zu Hause	Ja. Die Pflanzen brauchen zwar viel Licht, mögen aber keine direkte Sonne
ROSMARIN 	Sommer	Sein harziger Duft erinnert an Fichten, und sein Geschmack ist würzig-bitter	Italienische, spanische oder provenzalische Küche – ohne Rosmarin undenkbar	Der Ursprung von Rosmarin liegt in Südeuropa als Würz- und Heilkraut	Wusstet Ihr, dass Rosmarin ein Symbol für Treue und Liebe ist?	Ja, er mag leicht sandigen Boden und braucht viel Sonne zum Wachsen

Herzfelds Lieblinge

EINFACH GUT

PULLED PORK RUB

CA. 150 G RUB FÜR CA. 3,5 KG FLEISCH

LEICHT

5 MINUTEN

ZUTATEN:

20 g Paprikapulver, edelsüß
5 g Paprikapulver, rosenscharf
25 g Paprikapulver, geräuchert
15 g brauner Zucker
5 g Senfpulver
15 g Chiliflocken
10 g Cumin
25 g Pfeffer, schwarz
10 g Knoblauchpulver
10 g Zwiebelpulver
10 g Cayennepfeffer

Alle Zutaten in den Mixtopf geben und ***30 Sekunden/Stufe 9*** mixen. Die Menge reicht für ca. 3,5 kg Fleisch. In ein Glas abgefüllt, hält sich die Mischung monatelang.

BBQ-KLASSIKER

Pulled Pork ist einfach köstlich – denn zarter und saftiger kann ein Stück Fleisch kaum sein. Die Schweineschulter oder der -nacken wird bei niedriger Temperatur um die 90°C über mehrere Stunden gegart – das kann je nach Menge bis zu 15 Stunden dauern. Doch das Warten lohnt sich! Ist das Fleisch fertig, fällt es von selbst auseinander. Ihr könnt Pulled Pork im Ofen, Slow Cooker oder auch auf dem Gasgrill selbst zubereiten.

So gut schmeckt der Sommer

IT'S GETTING HOT!

WENN MANU & JOELLE FREUNDE ZUM ESSEN EINLADEN, IST DAS GRILLEN CHEF(REDAKTEURS) SACHE: FELIX KROHMER WÜRZT DAS HACKFLEISCH FÜR DIE BURGER MIT FRISCH GERIEBENEM MEERSALZ UND SCHWARZEM PFEFFER. DAS WIRD EIN FEST ...

GRILLED CHEESE SANDWICH
MIT SPINAT-PESTO

2 STÜCK
LEICHT
30 MINUTEN

ZUTATEN:

Spinat-Pesto:
1 Handvoll Babyspinat (ca. 50 g)
35 g Olivenöl
30 g Walnüsse
30 g Parmesan
Salz & Pfeffer

Sandwich:
4 Scheiben Weißbrot
Butter zum Bestreichen
4 Scheiben Gouda oder Butterkäse, halbiert
1 kleine Handvoll Babyspinat
Spinat-Pesto

Außerdem:
Butter zum Braten

1. Für das Spinat-Pesto Spinat, Parmesan und Walnüsse in den Mixtopf geben, ***10 Sekunden/Stufe 7*** zerkleinern. Mit dem Spatel alles vom Rand nach unten schieben.
2. Olivenöl zugeben, ***15 Sekunden/Stufe 4*** unterrühren. Mit Salz und Pfeffer abschmecken.
3. Für das Sandwich die Weißbrotscheiben auf einer Seite jeweils mit Butter einstreichen. Das sind die Außenseiten der Sandwiches.
4. Auf die Innenseite zweier Scheiben jeweils ca. zwei Esslöffel Pesto geben. Mit einer halben Scheibe Gouda, ein paar Spinatblättern und wieder einer halben Scheibe Gouda belegen. Darauf die restliche Brotscheibe legen, mit der Butterseite nach oben. Das Ganze für das zweite Sandwich wiederholen.
5. In einer Pfanne bei mittlerer Hitze die Sandwiches von beiden Seiten braten, bis sie schön gebräunt sind und der Käse geschmolzen ist. In zwei Hälften schneiden und servieren.

WAREN-KUNDE

SPINAT

Ein kleiner Kommafehler machte das Gemüse zum idealen Eisenlieferanten. Doch obwohl dieser Fehler nun aufgedeckt wurde, ist Spinat dank dem Spurenelement Zink und Vitamin C nicht weniger gesund. Ebenfalls ein widerlegter Mythos: Spinat darf sehr wohl wieder aufgewärmt werden, wenn die Reste direkt nach dem Kochen im Kühlschrank landen

BACON-CHEESEBURGER MIT LAUGEN-BUNS

8 STÜCK
LEICHT
60 MINUTEN + WARTEZEIT

ZUTATEN:

Laugen-Buns:
500 g Mehl, Type 550
½ Würfel frische Hefe
30 g Honig
100 g Milch
150 g Wasser
10 g Salz
40 g weiche Butter
1 Ei (Größe M)

Außerdem:
3 EL Natron
Wasser
Mehl für die Arbeitsfläche

Patties:
1600 g Rinderhack
1 leicht gehäufter TL Salz
¼ TL Pfeffer
2 TL Worcestersauce

Außerdem:
8 Scheiben Bacon
8 Scheiben Cheddar-Käse
1 Handvoll Rucola
rote Zwiebeln, geschält
Jacky-Texas-Sauce, siehe Seite 85

LAUGEN-BUNS:

1. Wasser, Milch, Hefe und Honig in den Mixtopf geben, *3 Minuten/37°C/Stufe 2* erwärmen. Zehn Minuten ruhen lassen.
2. Salz, Butter, Ei und Mehl zugeben, *7 Minuten/Teigstufe* kneten.
3. Den Teig in eine Schüssel umfüllen und abgedeckt mindestens eine Stunde ruhen lassen.
4. Den Teig nach der Ruhezeit auf eine bemehlte Arbeitsfläche geben, in acht gleich große Portionen teilen und noch mal fünf Minuten entspannen lassen.
5. Die Teiglinge rundwirken, erneut abdecken und noch mal 30 Minuten gehen lassen.
6. Den Backofen auf 200°C Ober-/Unterhitze vorheizen und ein Backblech mit Backpapier auslegen.
7. Wasser mit Natron in einem Topf erhitzen. Es sollte nicht kochen!
8. Die Teiglinge nacheinander in das heiße Wasser geben und ca. 30 Sekunden darin schwimmen lassen. Kurz vor Ende der Badezeit einmal umdrehen, mit einer Schöpfkelle herausnehmen und auf das vorbereitete Backblech setzen.
9. Mit einem scharfen Messer kreuzweise einschneiden und im Backofen ca. 15 bis 20 Minuten backen. Auf einem Kuchengitter vollständig abkühlen lassen.

PATTIES:

10. Hackfleisch mit den restlichen Zutaten in zwei Durchgängen in den Mixtopf geben, *2 Minuten/Teigstufe* mithilfe des Spatels vermengen.
11. Den Fleischteig in acht Portionen aufteilen, zu Patties formen und in der Pfanne oder auf dem Grill braten.

ZUSAMMENSETZEN DER BURGER:

12. Bacon in einer Pfanne ohne Fett braten, auf Küchenpapier abtropfen lassen.
13. Laugen-Bun einmal durchschneiden, die untere Hälfte mit Jacky-Sauce bestreichen.
14. Ein paar Rucola-Blätter draufgeben, Patty mit Käse (oder auch zwei) draufsetzen.
15. Rote Zwiebeln in Scheiben, Bacon und wieder etwas Jacky-Sauce draufgeben und die obere Hälfte des Buns aufsetzen.

6 STÜCK
LEICHT
15 MINUTEN

ZUTATEN:

Rezept Last Minute Burger Buns (Seite 53)
Rezept Chicken-Fritters plus Dip (rechts)
zusätzlich Tomatenscheiben und Rucola

1. Burger-Buns halbieren. Untere Hälfte mit Dip bestreichen und mit Rucola belegen.

2. Chicken-Fritters und Tomatenscheiben draufgeben, noch mal einen Klecks vom Dip hinzufügen und den Bun-Deckel aufsetzen. Fertig ist Euer Chicken Frit Burger.

CHICKEN FRIT BURGER

15 STÜCK
LEICHT
15 MINUTEN + KÜHLZEIT

CHICKEN-FRITTERS MIT AIOLI-DIP

ZUTATEN:

600 g Hähnchenbrustfilet
2 Eier (Größe L)
70 g Mayonnaise
45 g Speisestärke
100 g Mozzarella, gerieben
1 EL Dill
½ TL Salz
⅛ TL Pfeffer

Außerdem:

Rapsöl zum Ausbacken
ca. 100 g Panko-Mehl

Dip:

1 Knoblauchzehe, geschält
70 g Mayonnaise
½ EL Zitronensaft
¼ TL Salz
⅛ TL Pfeffer

1. Hähnchenbrust in Stücken in den Mixtopf geben, *15 Sekunden/Stufe 7* zerkleinern.
2. Eier, Mayonnaise, Speisestärke, Mozzarella, Dill, Salz und Pfeffer hinzufügen, *10 Sekunden/Linkslauf/Stufe 6* unterrühren.
3. Die Masse in eine Schüssel geben und zwei Stunden kühlen. Ihr könnt die Masse auch über Nacht in den Kühlschrank stellen.
4. Aus der Masse mit einem Esslöffel oder Eisportionierer gleichmäßige Portionen abstechen und in Panko wälzen. Anschließend in eine Pfanne mit heißem Öl geben, mit dem Löffelrücken etwas flacher drücken und pro Seite etwa vier Minuten braten, bis die Chicken-Fritters goldbraun und durchgegart sind.
5. Für den Blitz-Aioli-Dip Knoblauch in den Mixtopf geben, *5 Sekunden/Stufe 5* zerkleinern.
6. Restliche Zutaten hinzufügen, *15 Sekunden/Stufe 3* verrühren.
7. Den Dip mit Chicken-Fritters servieren.

LIEBE AUF DEN ERSTEN BISS

6 STÜCK
MITTEL
60 MINUTEN + WARTEZEIT

MEDITERRANER BURGER

ZUTATEN:

Burger-Buns:
200 g Wasser + 1 EL zum Verquirlen des Eies
25 g Milch
10 g frische Hefe
30 g Zucker
2 Eier (Größe M)
485 g Mehl, Type 550
1,5 TL Salz
80 g weiche Butter
Sesam

Patties:
1200 g Rinderhack
1–2 EL Burger-Gewürzmischung

Burger-Sauce:
1 kleine Zwiebel, geschält
2 Gewürzgurken
1 Knoblauchzehe, geschält
1 EL Petersilie, getrocknet
1 Eigelb (Größe M)
1 EL Apfelessig (ca. 10 g)
1 TL Senf
1 gestr. TL Zucker
125 g neutrales Öl
40 g Ketchup
1 Spritzer Zitronensaft
¼ TL Salz
1 Prise Pfeffer
1 Prise Chiliflocken
¼ TL Paprikapulver
40 g Schmand

Belag:
Rucola
Parmesan, gerieben
Tomaten, in Scheiben geschnitten

BURGER-BUNS:

1. Wasser, Milch, Zucker und Hefe in den Mixtopf geben, ***2 Minuten/37°C/Stufe 2*** erwärmen. 15 Minuten ruhen lassen.

2. Mehl, ein Ei, Salz und weiche Butter zugeben, alles ***10 Minuten/Teigstufe*** kneten. Den Teig in eine Schüssel geben und abgedeckt eine Stunde gehen lassen.

3. Aus dem gegangenen Teig acht Brötchen formen, auf ein mit Backpapier ausgelegtes Backblech setzen und abgedeckt noch mal eine Stunde gehen lassen.

4. Den Backofen auf 200°C Ober-/Unterhitze vorheizen.

5. Das zweite Ei mit einem Esslöffel Wasser verquirlen und die Buns damit bestreichen. Mit Sesam bestreuen und ca. 15 Minuten backen, bis sie goldbraun sind. Für dieses Rezept werden nur sechs Buns benötigt. Restliche Burger-Buns lassen sich prima einfrieren!

PATTIES:

6. Rinderhack und Burger-Gewürz in den Mixtopf geben, mithilfe des Spatels ***2 Minuten/Teigstufe*** kneten. Wer kein Burger-Gewürz hat, würzt die Patties nur mit einem Esslöffel Worcestersauce, einer Prise Salz und Pfeffer.

7. Aus dem Teig sechs Patties formen und auf dem Grill oder in der Pfanne braten.

BURGER-SAUCE:

8. Zwiebel, Gewürzgurken, Knoblauchzehe und Petersilie in den gereinigten Mixtopf geben, ***5 Sekunden/Stufe 5*** zerkleinern und umfüllen. Den Mixtopf spülen.

9. Eigelb, Essig, Senf und Zucker in den Mixtopf geben, ***10 Sekunden/Stufe 3*** verrühren.

10. Den Messbecher aufsetzen und den Thermomix® auf ***Stufe 3.5*** einstellen. Das Öl auf den Mixtopf-Deckel geben, damit es langsam in den Mixtopf, am Messbecher vorbei, träufeln kann.

11. Ketchup, Zitronensaft, Salz, Pfeffer, Chiliflocken und Paprikapulver zusammen mit den zuvor zerkleinerten Zutaten hinzufügen, ***15 Sekunden/Stufe 2*** mischen.

12. Schmand zugeben, ***10 Sekunden/Stufe 2*** unterheben.

ZUSAMMENSETZEN DER BURGER:

13. Burger-Buns halbieren. Die untere Hälfte jeweils mit Burger-Sauce, Rucola, Tomatenscheiben, Patty und Käse belegen. Die obere Hälfte aufsetzen und genießen.

BACON CHICKEN TENDERS

8 STÜCK
LEICHT
10 MINUTEN + BACKZEIT

ZUTATEN:

2 Hähnchenbrustfilets
50 g brauner Zucker
½ TL Salz
⅛ TL schwarzer Pfeffer
2 TL Ahornsirup
8 Scheiben Bacon

1. Jede Hähnchenbrust in vier Streifen schneiden.
2. Zucker mit Salz und Pfeffer in einer kleinen Schüssel vermischen und die Hähnchenstreifen darin wälzen.
3. Jeden Hähnchenstreifen mit Bacon umwickeln und mit Ahornsirup bestreichen.
4. Auf dem Grill garen oder im Backofen bei 200°C Ober-/Unterhitze je nach Größe ca. 35 Minuten backen, bis der Bacon schön crispy und gebräunt ist.

CA. 20 STÜCK
LEICHT
CA. 60 MINUTEN

CHICKEN WINGS MIT HONIG-LIMETTEN-GLASUR

ZUTATEN:

20 Chicken Wings (Hähnchenflügel)
2 Knoblauchzehen, geschält
60 g Limettensaft
45 g Honig
20 g Olivenöl
Salz & Pfeffer

1. Knoblauchzehen in den Mixtopf geben, *5 Sekunden/Stufe 5* zerkleinern.
2. Limettensaft, Honig und Olivenöl zugeben, *15 Sekunden/Stufe 4* verrühren.
3. Chicken Wings mit Salz und Pfeffer würzen und auf dem Grill ca. 40 Minuten garen, dann mit der Glasur einstreichen und ca. zehn weitere Minuten bis zur gewünschten Bräune grillen.

TIPP!

DIE MARINADE BZW. GLASUR PASST WUNDERBAR ZU JEDEM HÄHNCHENFLEISCH

DIE CHICKEN WINGS KÖNNEN AUCH IM OFEN ZUBEREITET WERDEN. BEI 180°C UMLUFT CA. 30 MINUTEN GAREN, DANN MIT DER GLASUR BESTREICHEN UND ETWA 15 MINUTEN WEITERBACKEN

COUNTRY POTATOES

CA. 4 PORTIONEN
LEICHT
10 MINUTEN + BACKZEIT

ZUTATEN:

ca. 30 g Raps- oder Sonnenblumenöl
750 g festkochende Kartoffeln
½ TL Thymian, getrocknet
3 TL Paprikapulver, edelsüß
1 TL Zwiebelpulver
1 TL Knoblauchpulver
1 gestr. TL Salz
¼ TL Pfeffer

1. Kartoffeln mit Schale waschen und trocknen, je nach Größe vierteln oder achteln.

2. Das Öl mit den Gewürzen gut verrühren und über die Kartoffeln geben. Gut vermischen, sodass die Kartoffeln gleichmäßig benetzt sind.

3. Die Kartoffeln im Backofen bei 220°C Ober-/Unterhitze ca. 35 Minuten oder auch auf dem Grill backen.

TIPP!

DAZU PASST SOUR CREAM ODER AUCH ZAZIKI

Marinaden

KNOBLAUCH-JOGHURT-MARINADE (ca. 500 g)

Zutaten:

500 g Joghurt
1 Zwiebel, geschält
2 Knoblauchzehen, geschält
120 g Olivenöl
3 EL Zitronensaft
1 TL Salz
½ TL Pfeffer
½ TL Chiliflocken

1. Joghurt in ein mit Küchenpapier ausgelegtes Sieb geben und abtropfen lassen.
2. Zwiebel und Knoblauchzehen in den Mixtopf geben, ***5 Sekunden/Stufe 5*** zerkleinern. Mit dem Spatel alles vom Rand nach unten schieben.
3. Abgetropften Joghurt, Olivenöl, Zitronensaft, Salz, Pfeffer und Chiliflocken hinzufügen, ***20 Sekunden/Stufe 4*** verrühren.
4. Das Fleisch damit mindestens sechs Stunden marinieren.

DIE MARINADE PASST HERVORRAGEND ZU LAMM UND HUHN

ZITRONEN-KRÄUTER-MARINADE (ca. 250 g)

Zutaten:

½ TL bunter Pfeffer
60 g Zitronensaft
½ TL Chiliflocken
½ TL Salz
2 Knoblauchzehen, geschält
1 Handvoll Petersilie
1 kleine Handvoll Basilikum
abgeriebene Schale einer halben Zitrone
120 g Olivenöl

1. Pfefferkörner in den Mixtopf geben, ***5 Sekunden/Stufe 7*** zerkleinern.
2. Zitronensaft, Chiliflocken und Salz zugeben, ***15 Sekunden/Stufe 3.5*** verrühren und umfüllen.
3. Knoblauchzehen, Petersilie und Basilikum in den Mixtopf geben, ***5 Sekunden/Stufe 8*** zerkleinern. Mit dem Spatel alles vom Rand nach unten schieben.
4. Zitronenschale und Pfeffermischung in den Mixtopf hinzufügen, ***10 Sekunden/Stufe 4*** verrühren.
5. Den Thermomix® ohne Zeiteinstellung auf ***Stufe 3*** laufen lassen. Olivenöl auf den Mixtopf-Deckel geben. Die Marinade ist fertig, wenn das Öl vollständig am Messbecher vorbei in den Topf gelaufen ist.

ASIA-MARINADE (für ca. 1 kg Fleisch)

Zutaten:

2 Knoblauchzehen, geschält
10 g Ingwer, geschält
1 rote Chilischote, getrocknet
½ TL Salz
15 g Sojasauce
1 TL brauner Zucker
10 g Zitronensaft + abgeriebene Schale einer Zitrone
60 g Olivenöl
20 g Sesamöl

1. Knoblauch, Ingwer und Chilischote in den Mixtopf geben, ***5 Sekunden/Stufe 5*** zerkleinern. Mit dem Spatel alles vom Rand nach unten schieben.
2. Salz, Sojasauce, Zucker, Zitronensaft und Zitronenschale in den Mixtopf hinzufügen, ***20 Sekunden/Stufe 4*** verrühren.
3. Oliven- und Sesamöl ***15 Sekunden/Stufe 4*** unterrühren.

BIER-MARINADE (für ca. 4–6 Fleischstücke)

Zutaten:

1 Zwiebel, geschält
2 Knoblauchzehen, geschält
½ rote Paprika, entkernt
1 guter Schuss Eures Lieblingsbiers
1 EL Dijon-Senf
1 EL Honig
60 g neutrales Öl
1 TL Salz
½ TL Pfeffer
1 TL Paprikapulver, edelsüß
1 TL Paprikapulver, scharf

1. Zwiebel, Knoblauchzehen und Paprika in den Mixtopf geben, ***5 Sekunden/Stufe 5*** zerkleinern. Mit dem Spatel alles vom Rand nach unten schieben.
1. Bier, Senf, Honig, Öl, Salz, Pfeffer und Paprikapulver hinzufügen, ***30 Sekunden/Stufe 4*** verrühren.

DIESE MARINADE PASST ZU RIND, SCHWEIN UND HUHN. DIE FLEISCHSTÜCKE DAMIT MINDESTENS DREI STUNDEN MARINIEREN

TIPP!

EIN REZEPT FÜR EINE SCHNELLERE VARIANTE VON TOMATENKETCHUP FINDET IHR AUF UNSEREM BLOG UNTER „KETCHUP HOMEMADE"

KETCHUP AUS OFEN-GERÖSTETEN TOMATEN

A. 300 G
ICHT
MINUTEN

ZUTATEN:

700 g aromatische Tomaten
1 Schalotte, geschält
1 Knoblauchzehe, geschält
3 EL Olivenöl
¼ TL Senfkörner
1 Espressolöffel Piment, gemahlen
15 g Apfelessig
1 EL brauner Zucker
30 g Tomatenmark
¼ TL Pfeffer
½ TL Salz

1. Den Backofen auf 190 °C Ober-/Unterhitze vorheizen.

2. Tomaten je nach Größe halbieren oder vierteln und mit der Schnittfläche nach oben auf ein mit Backpapier ausgelegtes Backblech geben. Schalotte und Knoblauchzehe halbieren und zu den Tomaten geben, alles mit Olivenöl beträufeln.

3. Im Ofen ca. 35 Minuten rösten, bis die Schnittflächen gebräunt sind.

4. Den gesamten Backblechinhalt in den Mixtopf geben, ***1 Minute/Stufe 10*** pürieren.

5. Senfkörner, Piment, Apfelessig, Zucker, Tomatenmark, Salz und Pfeffer hinzufügen, dann ***15 Minuten/90°C/Stufe 2*** ohne Messbecher einkochen und dabei das Garkörbchen als Spritzschutz aufsetzen.

6. Den Ketchup heiß in ein steriles Glas füllen und verschließen, so hält er sich ein paar Wochen lang. Angebrochen im Kühlschrank aufbewahren und innerhalb einer Woche verbrauchen.

JACKY-TEXAS-SAUCE

CA. 750 ML
LEICHT
30 MINUTEN

ZUTATEN:

500 g Tomatenketchup
60 g Tabascosauce
60 g Dijon-Senf
60 g Jack Daniels Whiskey
60 g Zuckerrübensirup
2 EL brauner Zucker
1 EL Worcestersauce
1,5 TL Knoblauchpulver
¼ TL Paprikapulver, geräuchert

1. Alle Zutaten in den Mixtopf geben und *20 Minuten/100°C/Stufe 2* aufkochen.

2. Sofort genießen oder in Gläser füllen. Die Sauce hält sich im Kühlschrank über Wochen.

TIPP!

EINE WUNDERBARE SAUCE ZU GEGRILLTEM FLEISCH UND ZUM DIPPEN, AUCH PRIMA ALS GRILLMARINADE ZU VERWENDEN. WER ES NICHT SO SCHARF MAG, REDUZIERT DIE TABASCOSAUCE

SAUBER GEARBEITET HÄLT SICH DIE SAUCE BIS ZU EINEM JAHR LANG. WENN EIN GLAS GEÖFFNET WURDE, DIESES IM KÜHLSCHRANK AUFBEWAHREN

SRIRACHA-CHILISAUCE

1 GROSSES GLAS
LEICHT
20 MINUTEN

ZUTATEN:

600 g Chilischoten, rot, frisch
5 Knoblauchzehen, geschält
30 g neutrales Öl
120 g Wasser
120 g Reisessig (optional Weißweinessig)
80 g brauner Zucker
1 EL Salz
35 g Tomatenmark

1. Chilischoten vom Stielansatz befreien. Knoblauchzehen und Chilischoten in den Mixtopf geben, *5 Sekunden/Stufe 5* zerkleinern.

2. Öl zugeben, *3 Minuten/120°C/Stufe 1* dünsten.

3. Wasser, Essig, Zucker, Salz und Tomatenmark hinzufügen, *10 Minuten/100°C/Stufe 1* aufkochen, anschließend *15 Sekunden/Stufe 8* mixen. In ein sauberes Glas abfüllen.

CURRY-KETCHUP

CA. 500 ML
LEICHT
90 MINUTEN

ZUTATEN:

1100 g reife Tomaten (alternativ: Tomaten aus der Dose, ohne Saft)
1 rote Zwiebel, geschält
2 Knoblauchzehen, geschält
2 cm frischer Ingwer
1 Selleriestange, in Stücken
¼ Fenchelknolle, in Stücken
1 Chilischote, getrocknet
20 g Olivenöl
1 Prise Cumin (Kreuzkümmel)
3 Gewürznelken
400 g Wasser
100 g Rotweinessig
100 g Honig
2–3 EL Currypulver
Salz & Pfeffer

1. Von den Tomaten den Stielansatz entfernen. Tomaten halbiert in den Mixtopf geben, **10 Sekunden/Stufe 5** zerkleinern und umfüllen.
2. Zwiebel, Knoblauch, Ingwer, Sellerie, Fenchel und Chilischote in den gereinigten Mixtopf geben, **5 Sekunden/Stufe 5** zerkleinern.
3. Öl, eine Prise Cumin und Nelken hinzufügen. **5 Minuten/120°C/Stufe 1** dünsten.
4. Zerkleinerte Tomaten und Wasser zugeben, **45 Minuten/Varoma/Stufe 2** ohne Messbecher einkochen. Das Garkörbchen als Spritzschutz aufsetzen.
5. Den Messbecher in den Mixtopf-Deckel einsetzen und **30 Sekunden/Stufe 10** pürieren, durch ein Sieb streichen und wieder in den Mixtopf geben.
6. Essig, Honig und Currypulver hinzufügen, **30 Minuten/Varoma/Stufe 2** ohne Messbecher weiter einkochen. Mit Salz und Pfeffer abschmecken.
7. Noch heiß in Flaschen abfüllen, verschließen und mindestens eine Woche lang ziehen lassen.

CA. 6 PORTIONEN
LEICHT
10 MINUTEN

COCKTAILSAUCE SPICY

ZUTATEN:

2 Eigelb
1 TL Dijon-Senf
1 EL Zitronensaft
200 g neutrales Öl
60 g Ketchup
1 EL Sriracha-Sauce (ersatzweise Sambal Oelek oder Harissa)
1 EL Worcestersauce
½ TL Knoblauchpulver
½ TL Pfeffer

1. Eigelb, Senf und Zitronensaft in den Mixtopf geben, *8 Sekunden/Stufe 5* verrühren.
2. Dann *2,5 Minuten/Stufe 3.5* emulgieren, dabei das Öl langsam auf den Mixtopf-Deckel geben und langsam am Messbecher vorbei in den Mixtopf tröpfeln lassen.
3. Restliche Zutaten hinzufügen, *30 Sekunden/Stufe 3* verrühren.

TIPP!

DIE SAUCE PASST WUNDERBAR ZU GARNELEN UND GEGRILLTEM. WEM ES NICHT SPICY GENUG IST, DER GIBT NOCH EINEN HALBEN TEELÖFFEL CHILISAUCE DAZU

IHR KÖNNT AUCH FRISCHE KRÄUTER NEHMEN, GETROCKNETE SIND ALLERDINGS EIN WENIG INTENSIVER

CAFE DE PARIS CREME

CA. 300 G
LEICHT
10 MINUTEN

ZUTATEN:

1 Knoblauchzehe, geschält
1 Schalotte, geschält (ca. 20 g)
100 g Crème fraîche
150 g weiche Butter
1 EL Petersilie, getrocknet
¼ TL Dill, getrocknet
¼ TL Majoran, getrocknet
1 Prise Thymian, getrocknet
1 Prise Rosmarin, getrocknet
2 TL Sojasauce
1 Prise Pfeffer
½ TL Dijon-Senf
½ TL Curry
¼ TL Paprikapulver, edelsüß
Salz & Pfeffer
1 Spritzer Zitronensaft

1. Schalotte und Knoblauchzehe in den Mixtopf geben, *5 Sekunden/Stufe 5* zerkleinern. Mit dem Spatel nach unten schieben.

2. Den Rühraufsatz in den Mixtopf einsetzen. Restliche Zutaten hinzufügen, *4 Minuten/Stufe 3* cremig rühren und noch mal abschmecken.

GEWÜRZBUTTER / GRILLBUTTER

CA. 300 G
LEICHT
10 MINUTEN

ZUTATEN:

1 Schalotte, geschält
1 Knoblauchzehe, geschält
1 EL Olivenöl
250 g weiche Butter
4 getrocknete Tomaten in Öl, abgetropft
1 kleine Handvoll Basilikumblätter
2 Rosmarinzweige
½ Bund Petersilie
½ TL Harissapaste
1 TL Paprikapulver, edelsüß
Salz & Pfeffer

1. Schalotte, Knoblauch, Tomaten und Kräuter *5 Sekunden/Stufe 10* zerkleinern. Olivenöl zugeben und *2 Minuten/120°C/Stufe 1* dünsten.

2. Butter, Harissapaste und Paprikapulver hinzufügen und *15 Sekunden/Stufe 4* verrühren. Mit Salz und Pfeffer abschmecken.

BBQ-RUB

CA. 130 G
LEICHT
5 MINUTEN

ZUTATEN:

1,5 EL schwarze Pfefferkörner (ca. 15 g)
50 g Meersalz
50 g brauner Zucker
25 g Paprikapulver, edelsüß
10 g Knoblauchpulver
10 g Zwiebelpulver
¾ TL Cayennepfeffer

1. Pfefferkörner in den Mixtopf geben, **12 Sekunden/Stufe 10** mahlen.
2. Restliche Zutaten hinzufügen, **10 Sekunden/Stufe 6** vermischen. Rub in ein Glas füllen.

TIPP!

DIESE RUB-MISCHUNG HÄLT SICH KÜHL UND DUNKEL GELAGERT EINIGE MONATE LANG UND PASST HERVORRAGEND ZU SCHWEIN, RIND UND AUCH HUHN

DIESE BUTTER PASST WUNDERBAR ZU GEGRILLTEM FLEISCH, WIE STEAK ODER HÄHNCHEN, SOWIE ZU FRISCHEM BAGUETTE

COWBOY-BUTTER

CA. 230 G
LEICHT
5 MINUTEN

ZUTATEN:

1 Handvoll Petersilie
2 Knoblauchzehen, geschält
1 Schalotte, geschält
200 g weiche Butter
Saft einer halben Zitrone
2 EL Dijon-Senf
½ TL Ingwer, gemahlen
1 Prise Cayennepfeffer
¼ TL Paprikapulver, edelsüß
1 TL Thymian, getrocknet
Salz & Pfeffer

1. Petersilie in den Mixtopf geben, **3 Sekunden/Stufe 8** zerkleinern. Knoblauchzehen und Schalotte hinzufügen, **5 Sekunden/Stufe 5** zerkleinern. Mit dem Spatel alles vom Rand nach unten schieben.
2. Den Rühraufsatz in den Mixtopf einsetzen. Butter, Zitronensaft, Senf, Ingwer, Cayennepfeffer, Paprikapulver und Thymian zugeben, **2 Minuten/Stufe 3** cremig aufschlagen. Mit Salz und Pfeffer abschmecken.

1–6 PORTIONEN
LEICHT
15 MINUTEN

KANARISCHE KARTOFFELN MIT MOJO ROJO

ZUTATEN:

Mojo Rojo:
3 rote Spitzpaprika, entkernt
70 g Tomatenmark
1 geh. TL Paprikapulver, edelsüß
2 kl. getrocknete Chilischoten
2 gestr. TL Salz
4–5 Knoblauchzehen, geschält
1 TL Kreuzkümmel
70 g Olivenöl
30 g Rotweinessig
2 EL Wasser

Kanarische Kartoffeln:
1 kg kleine Kartoffeln (z. B. Drillinge)
250 g grobes Meersalz
Wasser

MOJO ROJO:

1. Alle Zutaten in den Mixtopf geben und *1 Minute/Stufe 8* cremig mixen.

2. Für das perfekte Geschmackserlebnis die Sauce noch mindestens eine Stunde im Kühlschrank durchziehen lassen.

KANARISCHE KARTOFFELN:

3. Die Kartoffeln in einen Topf geben und komplett mit Wasser bedecken. Salz zugeben und ca. 30 Minuten (je nach Größe) kochen.

4. Salzwasser abschütten, Kartoffeln im Topf auf der heißen Herdplatte ohne Deckel ausdampfen lassen und zusammen mit Mojo Rojo genießen.

CA. 8–10 STÜCK
LEICHT
30 MINUTEN + WARTEZEIT

KÖFTE MIT JOGHURT-MINZE-DIP

ZUTATEN:

Köfte:

½ Bund glatte Petersilie
1 Knoblauchzehe, geschält
1 Zwiebel, geschält
500 g Rinderhack
2 Eier (Größe M)
50 g Semmelbrösel
1 TL Cumin (Kreuzkümmel)
1 TL Paprikapulver, edelsüß
½ TL Piment, gemahlen
1 TL Salz
¼ TL Pfeffer

Joghurt-Minze-Dip:

2 Zweige Minze
250 g Sahnejoghurt
20 g Olivenöl
1 Spritzer Zitronensaft
1 Prise Zucker
Salz & Pfeffer

1. Für die Köfte Petersilie in den Mixtopf geben, *3 Sekunden/Stufe 8* zerkleinern.
2. Zwiebel und Knoblauchzehe zur Petersilie geben, *5 Sekunden/Stufe 5* zerkleinern.
3. Hackfleisch, Eier, Semmelbrösel, Cumin, Paprikapulver, Piment, Salz und Pfeffer hinzufügen, *2 Minuten/Teigstufe* verkneten.
4. Hackfleisch zu einer Kugel formen und in Frischhaltefolie einschlagen, im Kühlschrank ca. eine Stunde ziehen lassen.
5. Hackfleisch aus dem Kühlschrank nehmen und Portionen von ca. 50 g mit den Händen zu Röllchen formen. Diese dann mit einem Holzspieß aufspießen.
6. Die Spieße auf einem Grill oder in einer Pfanne grillen bzw. braten.
7. Für den Joghurt-Minze-Dip Minze in den gereinigten Mixtopf geben, *3 Sekunden/Stufe 8* zerkleinern.
8. Restliche Zutaten hinzufügen, *15 Sekunden/Stufe 3* verrühren.

TOMATEN-CHEDDAR-TARTE

1 BACKBLECH
LEICHT
45 MINUTEN

ZUTATEN:

1 Blätterteigrolle (aus dem Kühlregal)
120 g Schmand
2 EL Basilikum-Pesto
100 g Mozzarella, gerieben
100 g Cheddar, gerieben
ca. 6 bunte Tomaten, in Scheiben geschnitten
1 EL Olivenöl
1 TL Sesam
1 TL Mohn
1 TL Zwiebelpulver
1 TL Knoblauchpulver
½ TL Salz

1. Den Backofen auf 230°C Ober-/Unterhitze vorheizen. Den Blätterteig entrollen und auf ein Backblech geben.

2. Schmand und Pesto in einer kleinen Schüssel verrühren und den Blätterteig damit bestreichen. Mit beiden Käsesorten bestreuen und im Ofen ca. 25 bis 30 Minuten backen, bis der Blätterteig goldbraun und der Käse geschmolzen ist.

3. Sesam, Mohn, Zwiebelpulver, Knoblauchpulver und Salz vermischen.

4. Die Tarte mit Tomatenscheiben belegen, mit Olivenöl beträufeln und mit der Gewürzmischung bestreuen.

4 PORTIONEN (CA. 18 RÖLLCHEN)
LEICHT
60 MINUTEN

CEVAPCICI MIT DJUVEC-REIS

ZUTATEN:

Cevapcici:
½ Bund Petersilie
2 Knoblauchzehen, geschält
1 Zwiebel, geschält
1000 g Rinderhack
1 EL Salz
2 TL Pfeffer
3 TL Paprikapulver
20 g Mehl
Öl zum Bestreichen

Djuvec-Reis:
1 Zwiebel, geschält
1 Knoblauchzehe, geschält
15 g Olivenöl
1 rote Paprika, in kleine Würfel geschnitten
400 g gehackte Dosentomaten
150 g Wasser
1 TL Salz
½ TL Pfeffer
1–2 EL Ajvar, scharf
1 TL Paprikapulver
1 Prise Zucker
200 g Langkornreis
100 g TK Erbsen
50 g Mais

CEVAPCICI:

1. Petersilie in den Mixtopf geben, *3 Sekunden/Stufe 8* zerkleinern.

2. Knoblauch und Zwiebel zugeben und *5 Sekunden/Stufe 5* zerkleinern. Mit dem Spatel alles vom Rand nach unten schieben und den Vorgang wiederholen.

3. Restliche Zutaten hinzufügen, *2 Minuten/Teigstufe* kneten.

4. Den Teig ca. zwei Stunden im Kühlschrank ziehen lassen, dann zu ca. 18 Röllchen formen.

5. Die Röllchen in der Pfanne braten oder im Backofen bei 180°C Umluft ca. 35 Minuten backen. Für die Backofenvariante die Röllchen vorher rundherum mit Öl einpinseln.

DJUVEC-REIS:

6. Zwiebel und Knoblauchzehe in den sauberen Mixtopf geben, *5 Sekunden/Stufe 5* zerkleinern. Mit dem Spatel alles vom Rand nach unten schieben und den Vorgang wiederholen.

7. Olivenöl zugeben und *3 Minuten/120°C/Stufe 1* andünsten.

8. Paprikawürfel, Dosentomaten, Wasser, Salz, Pfeffer, Ajvar, Paprikapulver und Zucker hinzufügen, *10 Minuten/100°C/Linkslauf/Stufe 1* köcheln lassen.

9. Nun Reis, Erbsen und Mais zugeben und noch mal *15 Minuten/100°C/Linkslauf/Stufe 1* garen.

4 PORTIONEN
LEICHT
20 MINUTEN + BACKZEIT

MEDITERRANE PUTENSCHNITZEL

ZUTATEN:

4 Putenschnitzel
Salz & Pfeffer
1 Zucchini, in Würfel geschnitten
1 gelbe Paprikaschote, in Würfel geschnitten
1 rote Paprikaschote, in Würfel geschnitten
200 g Feta
200 g Sahne
200 g Milch
2 TL Basilikum, getrocknet
1 TL Thymian, getrocknet
1 TL Oregano, getrocknet

1. Den Backofen auf 200°C Ober-/Unterhitze vorheizen.
2. Putenschnitzel in einer Pfanne kurz anbraten, mit Salz und Pfeffer würzen. In eine Auflaufform legen.
3. Zucchini- und Paprikawürfel auf das Fleisch geben, Feta zerbröseln und draufstreuen.
4. Sahne, Milch und Kräuter in den Mixtopf geben, *5 Minuten/100°C/ Stufe 1* aufkochen.
5. Die Sauce über die Schnitzel geben und im Ofen ca. 30 Minuten garen (es kommt auf die Dicke der Schnitzel an).

WER DAS GERICHT NOCH SCHNELLER ZUBEREITEN MÖCHTE, LEGT DIE SCHNITZEL DIREKT IN DIE AUFLAUFFORM, OHNE SIE VORHER ANZUBRATEN. DAS FUNKTIONIERT AUCH PRIMA. IHR KÖNNT DAS GANZE AUCH MIT GEMÜSE NACH WAHL VERFEINERN (BSPW. TOMATEN, AUBERGINEN, LAUCH ETC.)

6 STÜCK
LEICHT
20 MINUTEN + BACKZEIT

CHICKEN WRAPS

ZUTATEN:

50 g Buttermilch
1 Ei (Größe M)
50 g Panko-Mehl (grobes japanisches Paniermehl)
1 TL Salz
500 g Hähnchenbrust-Innenfilets
6 Wraps
100 g Mehl
Ranch-Dressing (siehe Seite 49)
1 Handvoll Cocktailtomaten, geviertelt
2 Romana-Salatherzen, gewaschen, zerpflückt
100 g Cheddar oder Mozzarella, gerieben

1. Den Backofen auf 220°C Ober-/Unterhitze vorheizen.
2. Buttermilch mit Ei verquirlen und Panko-Mehl mit Salz vermischen.
3. Hähnchenbrustfilets im Mehl wenden, dann durch die Buttermilch ziehen und im Panko-Mehl wälzen.
4. Panierte Hähnchenbrustfilets auf ein mit Backpapier ausgelegtes Backblech geben und ca. 30 Minuten goldbraun backen. Zwischendurch einmal wenden.
5. Jeweils einen Wrap mit ein bis zwei Esslöffel Ranch-Dressing bestreichen, etwas Salat draufgeben, ebenso Hähnchenbrustfilets, Tomaten und Käse.
6. Die Wraps seitlich einschlagen und aufrollen, mit einem scharfen Messer schräg halbieren.

AROMA PUR…

4 PORTIONEN
LEICHT
15 MINUTEN + WARTEZEIT

ZUTATEN:

500 g Hähnchenbrust

Marinade:
50 g Sojasauce
20 g Sesamöl
20 g Wasser
1 TL rote Currypaste
2 Knoblauchzehen, geschält, gehackt
4 cm Ingwer, fein gewürfelt

Curry:
400 g cremige Kokosmilch
300 g Wasser
1 TL Gemüsebrühpulver
1 rote Paprikaschote, in Streifen
1 gelbe Paprikaschote, in Streifen
3 Möhren, in Scheiben
1 Bund Frühlingszwiebeln, in Ringe geschnitten
100 g Asia-Gemüse (TK), aufgetaut
200 g Basmatireis
1 EL Sojasauce
1 EL rote Currypaste
¼ TL Kardamom, gemahlen
½ TL Currypulver
1 Prise Chiliflocken
30 g Speisestärke

HÄHNCHEN-CURRY

1. Zur Vorbereitung Hähnchenbrust in Streifen schneiden, alle Zutaten für die Marinade verrühren und das Fleisch mindestens zwei Stunden darin einlegen.

2. Für das Curry Kokosmilch, Wasser und Gemüsebrühpulver in den Mixtopf geben.

3. Den Varoma-Einlegeboden mit feuchtem Backpapier auslegen. Darauf achten, dass noch Seitenschlitze frei bleiben.

4. Paprika, Möhren, Frühlingszwiebeln und Asia-Gemüse in den Varoma-Behälter und das marinierte Fleisch in den Varoma-Einlegeboden legen.

5. Den Mixtopf mit dem Deckel verschließen, den Varoma aufsetzen und *15 Minuten/Varoma/Stufe 1* garen.

6. Den Varoma abnehmen, beiseitestellen und den Reis ins Garkörbchen einwiegen. Den Varoma wieder aufsetzen und alles weitere *15 Minuten/Varoma/Stufe 1* garen.

7. Fleisch und Gemüse umfüllen, den Reis separat in eine Schüssel geben und warm stellen. Kokosmilchbrühe im Mixtopf lassen.

8. Sojasauce, Currypaste, Kardamom, Currypulver, Chiliflocken und Speisestärke zugeben, *3 Minuten/100°C/Stufe 3* aufkochen.

9. Die Sauce über das Gemüse und Fleisch geben und mit dem Reis servieren.

4 PORTIONEN

LEICHT

15 MINUTEN + BACKZEIT

HÄHNCHEN-GEMÜSE-AUFLAUF

ZUTATEN:

500 g Gemüse nach Wahl (z. B. Brokkoli, Blumenkohl, Möhren, Champignons, Paprika)
3 Hähnchenbrustfilets, in mundgerechte Stücke geschnitten (ca. 500 g)
Salz & Pfeffer
1 Knoblauchzehe, geschält
20 g Olivenöl
250 g Sahne
100 g Crème fraîche
1 TL Tomatenmark
½ TL Salz
¼ TL Pfeffer
2 TL Speisestärke
1 TL Gemüsebrühpulver
200 g Gouda, gerieben

1. Den Backofen auf 200°C Ober-/Unterhitze vorheizen.

2. Gemüse putzen, waschen, in mundgerechte Stücke schneiden und in eine Auflaufform mit Deckel geben.

3. Hähnchenbrust mit Salz und Pfeffer würzen und auf das Gemüse legen.

4. Knoblauch in den Mixtopf geben, *5 Sekunden/Stufe 5* zerkleinern. Mit dem Spatel alles vom Rand nach unten schieben.

5. Olivenöl zugeben, *3 Minuten/120°C/Stufe 1* andünsten.

6. Sahne, Crème fraîche, Tomatenmark, Salz, Pfeffer, Speisestärke und Gemüsebrühpulver hinzufügen, *5 Minuten/100°C/Stufe 1* aufkochen und über das Gemüse und Fleisch geben.

7. Gouda drüberstreuen, den Deckel aufsetzen und 30 Minuten backen. Den Deckel abnehmen und ca. 20 weitere Minuten goldbraun überbacken.

TIPP!

DAZU PASSEN KARTOFFELN ODER REIS

6 PORTIONEN
LEICHT
20 MINUTEN + BACKZEIT

TOMATEN-MOZZARELLA-AUFLAUF

ZUTATEN:

500 g Bandnudeln
800 g Rispentomaten (rot und gelb)
300 g Mini-Mozzarella
Basilikumblätter zum Garnieren

Spinat-Pesto:

25 g Pinienkerne
200 g frischer Spinat
1 Handvoll Basilikum
2 Knoblauchzehen, geschält
Saft einer halben Zitrone
60 g Olivenöl
40 g Parmesan, gerieben
Salz & Pfeffer

Außerdem:

Fett für die Form

1. Die Nudeln nach Packungsangabe auf dem Herd kochen, den Backofen auf 200°C Ober-/Unterhitze vorheizen, eine Auflaufform fetten.

2. In der Zwischenzeit das Pesto zubereiten. Pinienkerne in einer Pfanne ohne Fett rösten.

3. Spinat, Basilikum, abgekühlte Pinienkerne, Knoblauchzehen, Zitronensaft und Olivenöl in den Mixtopf geben, *20 Sekunden/Stufe 8* zerkleinern. Mit dem Spatel alles vom Rand nach unten schieben.

4. Parmesan zugeben, *20 Sekunden/Stufe 6* mischen. Mit Salz und Pfeffer abschmecken.

5. Tomaten waschen und in Scheiben schneiden. Mozzarella in Stücke zerzupfen. Die Hälfte der Nudeln in die Auflaufform geben, die Hälfte der Tomaten und des Mozzarellas hinzufügen. Die Hälfte des Pestos darauf verteilen. Die restlichen Nudeln draufgeben, dann die restlichen Tomaten und das Pesto sowie Mozzarella.

6. Im Ofen ca. 20 bis 25 Minuten backen. Mit Basilikumblättern garniert servieren.

1 PORTIONEN
LEICHT
30 MINUTEN

PASTA POMODORO E BASILICO

ZUTATEN:

400 g Pasta nach Wahl
1 Knoblauchzehe, geschält
½ rote Zwiebel, geschält
1 EL getrocknete Tomaten
20 g Olivenöl
250 g Cherrytomaten, halbiert
400 g gehackte Dosentomaten
30 g Tomatenmark
½ TL Salz
½ TL brauner Zucker
1 Prise Pfeffer
6 Zweige Thymian
3 Zweige frisches Basilikum

Außerdem:
Olivenöl
Basilikumblätter
Parmesan, gerieben

1. Knoblauch, Zwiebel und getrocknete Tomaten in den Mixtopf geben, ***5 Sekunden/Stufe 5*** zerkleinern.

2. Olivenöl und Cherrytomaten zugeben, ***3 Minuten/120°C/Linkslauf/Stufe 1*** dünsten.

3. Dosentomaten, Tomatenmark, Salz, Zucker, Pfeffer und Kräuterzweige hinzufügen, ***15 Minuten/100°C/Linkslauf/Sanftrührstufe*** kochen.

4. In dieser Zeit die Pasta nach Packungsangabe auf dem Herd kochen.

5. Kräuterzweige aus der Sauce entfernen. Noch mal mit Salz und Pfeffer abschmecken.

6. Die Pasta mit Sauce, einem Schuss Olivenöl, Basilikum und Parmesan anrichten.

PASTA MIT ZITRONEN-CRUNCH

4 PORTIONEN
LEICHT
15 MINUTEN

ZUTATEN:

500 g Pasta nach Wahl

Zitronencrunch:
150 g Panko (japanisches Paniermehl)
1 Bund Petersilie, grob gehackt, oder 1 EL, getrocknet
10 g Olivenöl
Abrieb einer Zitrone
2 Knoblauchzehen, geschält
Salz & Pfeffer

Sauce:
2 Knoblauchzehen, geschält
1 getrocknete Chilischote
20 g Olivenöl
130 g Sahne
40 g Zitronensaft

1. Den Backofen auf 160°C Umluft vorheizen.
2. Für den Zitronencrunch Panko, Petersilie, Olivenöl, Zitronenabrieb, Knoblauchzehen, Salz und Pfeffer in den Mixtopf geben, *3 Sekunden/Stufe 5* mixen.
3. Die Mischung auf ein mit Backpapier ausgelegtes Backblech geben und zehn Minuten backen.
4. In der Zwischenzeit die Pasta auf dem Herd nach Packungsvorgabe kochen.
5. Für die Sauce Knoblauchzehen und Chilischote in den Mixtopf geben, *5 Sekunden/Stufe 5* zerkleinern.
6. Öl zugeben, *4 Minuten/120°C/Stufe 1* andünsten.
7. Sahne und Zitronensaft hinzufügen, *4 Minuten/90°C/Stufe 1* aufkochen und mit der Pasta vermischen.
8. Die Pasta auf Tellern anrichten und mit Zitronencrunch bestreuen.

DER KLASSIKER

MIT DER UNWIDERSTEHLICHEN KOMBI AUS OLIVENÖL **UND** KNOBLAUCH

TIPP!
MIT ZUSÄTZLICHEN KNOBLAUCHSCHEIBEN UND GERIEBENEM PARMESAN SERVIEREN

AGLIO E OLIO

4 PORTIONEN
LEICHT
20 MINUTEN

ZUTATEN:

400 g Spaghetti
½ Bund Petersilie
2 getrocknete Chilischoten
4–5 Knoblauchzehen, geschält
6 EL Olivenöl
1 TL Zitronensaft
Salz & Pfeffer

1. Spaghetti nach Packungsanleitung auf dem Herd bissfest kochen, 100 ml vom Nudelwasser auffangen.
2. Petersilie in den Mixtopf geben und *3 Sekunden/Stufe 8* zerkleinern, umfüllen.
3. Knoblauchzehen und Chilischoten in den Mixtopf geben, *5 Sekunden/Stufe 5* zerkleinern. Mit dem Spatel alles vom Rand nach unten schieben.
4. Olivenöl zugeben, *4 Minuten/120°C/Stufe 1* dünsten.
5. Aufgefangenes Nudelwasser und Zitronensaft hinzufügen, *5 Sekunden/Stufe 3* verrühren.
6. Das Öl-Knoblauch-Gemisch zu den abgetropften Spaghetti geben und mit zerkleinerter Petersilie zusammen unterrühren.
7. Mit Salz und Pfeffer abschmecken und servieren.

PESTO ROSSO ALL'ARRABBIATA

CA. 240 G
LEICHT
15 MINUTEN

ZUTATEN:

50 g Pinienkerne
100 g getrocknete Tomaten
40 g Parmesan
1 Knoblauchzehe, geschält
1 rote Chilischote
2 frische Blätter Basilikum
¼ TL Meersalz
1 Prise Pfeffer
100 g Olivenöl

1. Pinienkerne in einer Pfanne ohne Fett anrösten.
2. Tomaten und Parmesan in den Mixtopf geben, ***10 Sekunden/ Stufe 8*** zerkleinern.
3. Knoblauch, Chilischote, Basilikum, Meersalz, Pfeffer, 100 g Olivenöl und Pinienkerne hinzufügen, ***5 Sekunden/ Stufe 5*** verrühren.
4. Das Pesto in ein Glas geben und mit einer Schicht Olivenöl so weit auffüllen, dass es bedeckt ist. So hält es sich im Kühlschrank ca. zwei Wochen lang.

IHR KÖNNT DIE SCHÄRFE JEDERZEIT VARIIEREN, INDEM IHR WENIGER VON DER CHILISCHOTE HINZUFÜGT ODER VOR DER VERARBEITUNG DIE KERNE ENTFERNT

SPINAT-BASILIKUM-PESTO

CA. 350 G
LEICHT
5 MINUTEN

ZUTATEN:

180 g frischer Blattspinat
1 kl. Bund Basilikum
30 g Pinienkerne
2 Knoblauchzehen, geschält
Saft einer halben Zitrone
50 g Olivenöl
40 g Parmesan, gerieben

1. Alle Zutaten bis auf den Parmesan in den Mixtopf geben, ***20 Sekunden/ Stufe 8*** mixen. Mit dem Spatel alles vom Rand nach unten schieben und noch mal ein paar Sekunden nachgeben.
2. Parmesan hinzufügen und ***20 Sekunden/ Stufe 6*** vermischen.

Kein Sommer ohne Eis!!!!!

JEDER, DER EINEN THERMOMIX® DAHEIM HAT, WEISS: EIN EIS IST IMMER SCHNELL GEZAUBERT, SUPERLECKER & DER KRÖNENDE ABSCHLUSS

Himbeer-Erdbeer Nana Ice Cream

2 PORTIONEN
LEICHT
5 MINUTEN

ZUTATEN:

2 Bananen, gefroren, in Stücken
50 g Himbeeren, gefroren
50 g Erdbeeren, gefroren
150 g Joghurt
1 EL Kokosflocken
1 TL Kokosblütensirup
1 EL Himbeerpulver

1. Alle Zutaten in den Mixtopf geben und *30 Sekunden/Stufe 8* cremig mixen.
2. Nach Belieben mit frischen Früchten garniert servieren und genießen.

WAREN-KUNDE

KOKOS-BLÜTENSIRUP

Mit seiner leicht karamelligen Note ist Kokosblütensirup äußerst lecker. Überall, wo Ihr normalerweise Honig oder Zucker verwendet, schmeckt auch Kokosblütensirup fantastisch. Außerdem ist der Sirup gesünder als normaler Zucker, da er die Blutzucker- und Blutfettwerte verbessern kann

Himbeer-Joghurt-Eis

CA. 7 STÜCK
LEICHT
20 MINUTEN + WARTEZEIT

ZUTATEN:

70 g Zucker
250 g Himbeeren
400 g Naturjoghurt

1. Zucker in den Mixtopf geben, *10 Sekunden/Stufe 10* pulverisieren.
2. Himbeeren hinzufügen und *30 Sekunden/Stufe 5* verrühren, anschließend durch ein Sieb oder Passiertuch passieren.
3. Himbeerpüree mit Joghurt verrühren, in Eisformen füllen und für mindestens fünf Stunden in den Gefrierschrank stellen.

TIPP!

WER ES CREMIGER HABEN MÖCHTE, MISCHT NOCH CA. 150 G SAHNE DRUNTER

2 PORTIONEN
LEICHT
5 MINUTEN

Beeren Frozen Yogurt

ZUTATEN:

300 g Beerenmix, tiefgekühlt
150 g Joghurt (mind. 3,5 % Fett)
2 EL Puderzucker oder Honig, je nach Belieben

Topping (optional):
Baiser, zerbröselt
frische Beeren

1. Beerenmix in den Mixtopf geben, *10 Sekunden/Stufe 8* zerkleinern. Mit dem Spatel alles vom Rand nach unten schieben.

2. Joghurt und Süße nach Wahl hinzufügen, *30 Sekunden/Stufe 4* rühren.

3. Nach Belieben mit frischen Be und Baiser toppen.

Zitronen-sorbet

CA. 1 LITER
LEICHT
15 MINUTEN + WARTEZEIT

ZUTATEN:

1 Eiweiß
500 g Wasser
200 g Zucker
Saft und Schale von 3 Zitronen

Außerdem:
einige Blätter Minze zum Garnieren

1. Den Rühraufsatz in den Mixtopf einsetzen. Eiweiß in den Mixtopf geben und bei *Stufe 3.5* steif schlagen, umfüllen.

2. Wasser, Zucker und Zitronenschalen in den gereinigten Mixtopf geben, *5 Minuten/100°C/Stufe 3* aufkochen. Zitronenschalen herausnehmen.

3. Zitronensaft hinzufügen, *5 Sekunden/Stufe 3* unterrühren. Eischnee unterheben. Alles in eine Schüssel [illegible]füllen und über Nacht in den [illegible]hrank stellen.

[illegible]asse dann für ca. 45 [illegible] Eismaschine geben. [illegible]eder sofort aus [illegible]dann ist sie [illegible]t die Masse [illegible]Tiefküh-

TIPP!

ZUBEREITUNG OHNE EISMASCHINE: DIE SORBET-MASSE MINDESTENS ACHT STUNDEN GEFRIEREN LASSEN. DANN IN CA. 4 X 4 CM GROSSE STÜCKE SCHNEIDEN UND IM MIXTOPF *30 SEKUNDEN/STUFE 9* ZERKLEINERN, ANSCHLIESSEND *30 SEKUNDEN/STUFE 4* CREMIG RÜHREN

CA. 1 LITER
LEICHT
20 MINUTEN + WARTEZEIT

Stracciatella-Eis

ZUTATEN:

2 Eier (Größe L)
500 g Sahne
250 g Milch
½ TL Vanillepulver
165 g Puderzucker
150 g Schokolade (70 %)

1. Eier, Sahne, Milch und Vanillepulver in den Mixtopf geben, *10 Sekunden/Stufe 4* vermischen.

2. Puderzucker hinzufügen, *15 Minuten/90°C/Stufe 2* verrühren.

3. Auf Zimmertemperatur abkühlen lassen, in eine Eismaschine geben und ca. 45 bis 60 Minuten gefrieren lassen.

4. Schokolade in den gereinigten Mixtopf geben und *5 Sekunden/Stufe 5* zerkleinern, dann *4 Minuten/50°C/Stufe 1* schmelzen. Schokolade umfüllen und etwas abkühlen lassen.

5. Wenn die Eismasse fertig ist, die Schokolade in einem dünnen Strahl in die rotierende Eismaschine geben.

6. Die fertige Eismasse sofort genießen. Wer eine festere Konsistenz möchte, um schöne Kugeln formen zu können, gibt die Eismasse in einer gefrierfesten Form noch mal für ca. zwei Stunden in den Gefrierschrank.

Beeren-Joghurt Popsicles

ZUM DAHINSCHMELZEN GUT!!!

8 STÜCK
LEICHT
10 MINUTEN + WARTEZEIT

ZUTATEN:

200 g gemischte Beeren (z. B. Heidelbeeren, Kirschen, Erdbeeren, Himbeeren)
160 g roter Fruchtsaft (z. B. Johannisbeere, Traube)
250 g Naturjoghurt
2 EL Ahornsirup

1. Früchte und Saft in den Mixtopf geben und ***10 Sekunden/Stufe 4*** zerkleinern, gleichmäßig auf die Eisformen verteilen und 20 Minuten anfrieren lassen.

2. Joghurt und Ahornsirup in einer kleinen Schüssel verrühren und nach den 20 Minuten in die Eisformen auf den Beerenmix geben.

3. Die Eisformen mit Deckeln verschließen. Holzstiele hineinstecken und mindestens drei Stunden gefrieren lassen.

Cookie Dough Eis

CA. 1 LITER
LEICHT
15 MINUTEN + WARTEZEIT

ZUTATEN:

Eis:
Mark einer Vanilleschote
2 Eier (Größe L)
160 g Zucker
400 g Sahne
350 g Milch

Außerdem:
3 EL Zartbitter-Schokolade, gehackt

Keksteig:
60 g Mehl
20 g brauner Zucker
20 g weißer Zucker
1 TL Vanilleextrakt
1 EL Milch
30 g weiche Butter
1 Prise Salz
1–2 TL Zartbitter-Schokolade, gehackt

1. Für das Eis den Rühraufsatz in den Mixtopf einsetzen. Vanillemark, Eier, Zucker, Sahne und Milch in den Mixtopf geben und *10 Sekunden/Stufe 4* verrühren, dann *15 Minuten/90°C/Linkslauf/Stufe 2* erhitzen.

2. Umfüllen, abkühlen lassen und über Nacht in den Kühlschrank stellen. Den Rühraufsatz entfernen und den Mixtopf spülen.

3. Für den Keksteig Mehl, Zucker, Vanilleextrakt, Milch, Butter und Salz in den Mixtopf geben, *20 Sekunden/Stufe 4.5* verrühren.

4. Schokolade hinzufügen, *3 Sekunden/Linkslauf/Stufe 3* unterrühren.

5. Den Keksteig 20 Minuten in den Kühlschrank stellen, damit er fester und formbar wird.

6. Nun aus dem Teig maximal haselnussgroße Bällchen formen und diese für ca. zwei Stunden ins Gefrierfach geben.

7. Wenn die Teigkugeln fest sind, geht die Eisproduktion weiter. Die kalte Vanillemilch in eine Eismaschine geben und ca. 45 Minuten gefrieren lassen. Zum Schluss hin die kalten Keksteig-Bällchen und die Schokolade zugeben und unterrühren lassen.

8. Entweder sofort servieren oder noch mal umfüllen und ein bis zwei Stunden im Gefrierschrank fest werden lassen, dann könnt Ihr das Eis besser portionieren.

OHNE EISMASCHINE: DIE MASSE IN EINEN GEFRIERBEHÄLTER GEBEN UND CA. ZEHN STUNDEN GEFRIEREN LASSEN, DABEI GELEGENTLICH UMRÜHREN

Raffaello®-Eis mit Himbeerstrudel

1 LITER
LEICHT
20 MINUTEN + WARTEZEIT

ZUTATEN:

450 g Sahne
1 Dose gezuckerte Kondensmilch „Milchmädchen" (400 g)
1 Packung Raffaello®, Mandeln entfernt (ca. 15 Stück)
200 g Himbeeren
Mark einer Vanilleschote
10 g Zucker

1. Den Rühraufsatz in den Mixtopf einsetzen. Sahne in den Mixtopf geben und unter Sichtkontakt auf *Stufe 3.5* steif schlagen, umfüllen und kalt stellen. Den Rühraufsatz entfernen und den Mixtopf spülen.

2. Raffaello® mit einem Messer in grobe Stücke hacken. Wer es knackig haben möchte, hackt die Mandeln mit klein.

3. Himbeeren mit Zucker und Vanillemark in den Mixtopf geben, *5 Sekunden/Stufe 5* pürieren und umfüllen.

4. Den Rühraufsatz wieder in den Mixtopf einsetzen. „Milchmädchen" in den Mixtopf geben, *30 Sekunden/Stufe 3,5* aufschlagen.

5. Sahne und zerkleinerte Raffaello® hinzufügen, *5 Sekunden/Stufe 3* unterrühren.

6. Den Rühraufsatz entfernen und die pürierten Früchte mit dem Spatel kurz unterziehen, damit ein Strudel entsteht. Alles in ein gefrierfestes, verschließbares Gefäß geben und mindestens fünf Stunden lang einfrieren, am besten noch über Nacht.

7. Vor dem Servieren das Eis etwa fünf bis zehn Minuten antauen lassen.

Herzfelds Lieblinge

Am Strand von Florida haben wir uns an unserer **Silberhochzeit** zum 2. Mal das Ja-Wort gegeben, mit der ganzen Familie und engen Freunden. Das war ein wunderschöner Moment, den wir alle gemeinsam erleben durften

Sonne satt in Florida. Neben kilometerlangen Sandstränden vor kristallklarem Meer gibt es auch interessante Metropolen zu erkunden

URLAUBSLAND URLAUBSLAND

USA

Delfine hautnah erleben. Es ist ein tolles Gefühl, wenn sie einem dank ihrer Neugier so nah sind

WIR LIEBEN DIE USA EINFACH! ES FÜHLT SICH WIE EINE ZWEITE HEIMAT FÜR UNS AN. ES GIBT SPANNENDE METROPOLEN, WUNDERBARE NATUR, DIE FREUNDLICHKEIT UND HILFSBEREITSCHAFT DER AMERIKANER UND DANN AUCH NOCH DAS VIELE LECKERE ESSEN …

New York ist einfach der Wahnsinn mit seinen coolen Rooftop-Bars, den riesigen Shoppingcentern und seiner unverwechselbaren Architektur

süßes zum verlieben

WIE IHR JA WISST: WIR ZÄHLEN KALORIEN NICHT, SONDERN GENIESSEN SIE!!! VIEL SPASS MIT UNSEREN HIMMLISCHEN DESSERTS!!!

WAREN-KUNDE

ERDBEEREN

Süß wie die Sünde! Wobei 100 g der Früchte nur etwa 31 Kalorien haben. Wusstet Ihr eigentlich schon, dass die Erdbeere in Wirklichkeit eine Nuss ist – oder noch genauer gesagt eine Sammelnussfrucht? Denn die vielen kleinen grünen Punkte auf der Oberfläche sind in Wirklichkeit die Früchte, und dabei handelt es sich um Nüsse.

WINDBEUTEL-DESSERT MIT ERDBEEREN

1 GROSSE PORTIONEN | LEICHT | 20 MINUTEN

ZUTATEN:

250 g Sahne
300 g Erdbeeren
30 g Zucker
1 TL Vanillezucker
250 g Magerquark
180 g Mascarpone
70 g Naturjoghurt
50 g Puderzucker
1 TL Zitronensaft
16 TK-Windbeutel

Außerdem:
2 Erdbeeren, halbiert

1. Den Rühraufsatz in den Mixtopf einsetzen. Sahne in den Mixtopf geben und unter Sichtkontakt auf *Stufe 3.5* steif schlagen, umfüllen. Den Rühraufsatz entfernen und den Mixtopf spülen.

2. Erdbeeren mit Zucker und Vanillezucker in den Mixtopf geben, *10 Sekunden/Stufe 6* pürieren und umfüllen. Den Mixtopf spülen und den Rühraufsatz wieder in den Mixtopf einsetzen.

3. Magerquark, Mascarpone, Joghurt, Puderzucker und Zitronensaft in den Mixtopf geben, *30 Sekunden/Stufe 3* verrühren. Sahne hinzufügen, *10 Sekunden/Stufe 3* unterrühren.

4. Jeweils etwas Creme, dann drei Windbeutel, Erdbeerpüree und wieder Creme in die Gläser schichten. Mit einem Windbeutel, etwas Erdbeerpüree und einer halben Erdbeere garniert servieren.

TROPICAL DREAM SPECIAL

1 GROSSE PORTION ODER 2 KLEINE PORTIONEN | LEICHT | 10 MINUTEN

ZUTATEN:

150 g Magerquark
40 g cremige Kokosmilch
60 g Joghurt
½ Banane, gefroren, in Stücken
2 TL Einhorn-Zauber (natürliches blaues Spirulina)
1 TL Honig
Mark einer Vanilleschote
Früchte nach Wahl als Topping
Kokosflocken

1. Magerquark, Kokosmilch, Joghurt, halbe Banane, Einhorn-Zauber, Honig und Vanillemark in den Mixtopf geben, *45 Sekunden/Stufe 8* mixen.

2. In ein Glas oder eine Schüssel füllen, mit Früchten nach Wahl und Kokosflocken nach Belieben toppen. Wir haben hier Blaubeeren, Brombeeren, Kiwi und Erdbeeren gewählt.

EINHORN-ZAUBER IST NATÜRLICHES BLAUES SPIRULINA UND VERLEIHT SPEISEN UND GETRÄNKEN WUNDERBARE BLAUTÖNE. MAN BEKOMMT ES ONLINE, Z. B. BEI AMAZON

RAFFAELLO®-TRAUM KARIBISCHES DESSERT

4 PORTIONEN
LEICHT
15 MINUTEN + WARTEZEIT

ZUTATEN:

1 Mango
250 g Quark
200 g Joghurt
30 g Vanillesirup
14 Kugeln Raffaello®
Minzblätter

1. Mango schälen, Fruchtfleisch in Spalten vom Stein und anschließend in Würfel schneiden.

2. Quark, Joghurt und Vanillesirup in den Mixtopf geben, *30 Sekunden/Stufe 3* verrühren. Mangowürfel (ein paar für die Garnitur zurückbehalten) unterheben.

3. Zehn Kugeln Raffaello® mit einem Messer grob hacken.

4. Die Hälfte der Creme jeweils auf die Gläser verteilen, zerkleinerte Raffaello® draufgeben, ebenso die restliche Creme. Eine Stunde kühlen.

5. Den Raffaello®-Traum mit jeweils einer Kugel Raffaello®, Minzblättchen und ein paar Mangowürfeln garniert servieren.

ZITRONEN-CHEESECAKE-MOUSSE

6 GLÄSER (À CA. 220 ML) | LEICHT | 20 MINUTEN + KÜHLZEIT

ZUTATEN:

Boden:
60 g Butterkekse
20 g Zucker
30 g weiche Butter

Mousse:
350 g Sahne
50 g Puderzucker
340 g Doppelrahmfrischkäse
280 g Lemon Curd
35 g Zitronensaft
1 Pk. Gelatine Fix Pulver

Außerdem:
6 Zitronenscheiben & Blaubeeren zum Garnieren

1. Den Rühraufsatz in den Mixtopf einsetzen. Sahne in den Mixtopf geben, mit Puderzucker unter Sichtkontakt bei *Stufe 3.5* steif schlagen und umfüllen. Den Rühraufsatz entfernen und den Mixtopf spülen.
2. Butterkekse mit Zucker in den Mixtopf geben, *25 Sekunden/Stufe 6* zerkleinern. Butter hinzufügen und *10 Sekunden/Stufe 3* unterrühren, auf die Gläser verteilen und festdrücken. Den Mixtopf spülen.
3. Frischkäse, Lemon Curd, Zitronensaft und Gelatine-Pulver in den Mixtopf geben, *50 Sekunden/Stufe 3* verrühren.
4. Sahne mit einem Schneebesen unterheben. Die Mousse auf die Gläser aufteilen und zwei Stunden kühlen.
5. Zum Servieren mit Blaubeeren und jeweils einer Zitronenscheibe garnieren.

MOHN-VANILLE-JOGHURT MIT HIMBEEREN

1 PORTION | LEICHT | 10 MINUTEN

ZUTATEN:

240 g Vollmilchjoghurt
20 g Blaumohn
1 TL Zitronensaft
80 g Himbeeren
1 TL Vanillepuddingpulver
1 TL Kokosraspel
1 TL Vanilleextrakt
optional 1 TL Kokosblütensirup oder andere Süße

Außerdem:
Kokosflocken
frische Minze
gefrorene Himbeeren

1. Die Hälfte des Joghurts mit Blaumohn und Zitronensaft in einer kleinen Schüssel verrühren und fünf Minuten ruhen lassen.
2. Himbeeren mit Vanillepuddingpulver, restlichem Joghurt, Kokosraspeln, Vanilleextrakt und Sirup in den Mixtopf geben und *10 Sekunden/Stufe 4* verrühren.
3. Mohn-Joghurt und Himbeer-Joghurt in ein Glas schichten, mit Kokosflocken, Minze und Himbeeren garnieren.

ERDBEERSAUCE

ETON MESS – HIMBEERTRAUM

1 PORTIONEN | LEICHT | 30 MINUTEN

ZUTATEN:

200 g TK-Himbeeren
25 g Baisertuffs
200 g Schlagsahne
200 g Magerquark
30 g Vanillezucker

1. Den Backofen auf 180°C Umluft vorheizen.
2. Himbeeren in eine ofenfeste Form geben und 15 Minuten backen, mit einer Gabel grob zerquetschen. Baiser grob zerbröseln.
3. Den Rühraufsatz in den Mixtopf einsetzen. Sahne unter Sichtkontakt bei *Stufe 3.5* steif schlagen und umfüllen.
4. Magerquark und Vanillezucker in den gereinigten Mixtopf geben, *20 Sekunden/Stufe 3* verrühren. Sahne hinzufügen, *15 Sekunden/Stufe 2.5* unterheben.
5. Himbeeren und Baiser kurz unterheben. In Gläser füllen und kalt stellen.

ERDBEERSAUCE

CA. 500 ML | LEICHT | 30 MINUTEN

ZUTATEN:

500 g Erdbeeren, frisch oder TK
150 g Zucker
1 EL Erdbeerpulver
200 g Gelierzucker (2:1)
½ TL Vanillepulver
1,5 Pk. Zitronensäure

1. Erdbeeren in den Mixtopf geben und *10 Sekunden/Stufe 6* zerkleinern.
2. Zucker, Erdbeerpulver und Gelierzucker hinzufügen und *10 Sekunden/Stufe 6* mixen, dann *12 Minuten/100°C/Stufe 1* aufkochen.
3. Vanillepulver und Zitronensäure zugeben und *5 Sekunden/Stufe 4* unterrühren, dann alles noch mal *7 Minuten/Varoma/Stufe 2* aufkochen.
4. Noch heiß in eine Glasflasche füllen und verschließen.

TIPP!

DIE SAUCE HÄLT SICH WOCHENLANG UND PASST PERFEKT ZU EIS, VANILLEPUDDING, MILCHREIS, GRIESSPUDDING, JOGHURT ETC.

Traum-Kuchen mit Pfiff

BUTTERZARTE ERDBEER-MUFFINS, SAFTIGE BLAUBEER-TARTE, ERFRISCHENDE SOLERO-TORTE – KUCHEN MACHEN DAS LEBEN SCHÖNER!!!

ERDBEER-MUFFINS

12 STÜCK
LEICHT
15 MINUTEN + BACKZEIT

ZUTATEN:

Streusel:
100 g Zucker
25 g Mehl
10 g Rapsöl

Teig:
110 g weiche Butter
200 g Zucker
2 Eier (Größe M)
2 TL Vanilleextrakt
120 g Milch
260 g Mehl
1,5 TL Backpulver
½ TL Salz
250 g Erdbeeren, klein geschnitten

1. Den Backofen auf 175°C Ober-/Unterhitze vorheizen. Ein Muffinblech mit Papierförmchen auslegen.

2. Für die feinen Streusel alle Zutaten in den Mixtopf geben und *12 Sekunden/Stufe 5* vermischen, umfüllen.

3. Butter und Zucker in den gereinigten Mixtopf geben, *30 Sekunden/Stufe 4* cremig rühren.

4. Eier, Vanilleextrakt und Milch hinzufügen, *20 Sekunden/Stufe 4* unterrühren.

5. Mehl, Backpulver und Salz zugeben, noch mal *15 Sekunden/Stufe 5* vermischen. Erdbeeren vorsichtig mit dem Spatel unterheben.

6. Den Teig auf die Muffinförmchen verteilen, mit dem sandigen Streuselgemisch toppen und ca. 25 Minuten backen.

TIPP!

DAZU PASST SCHLAGSAHNE ODER AUCH EINE KUGEL VANILLEEIS

NEKTARINEN-BLAUBEER-TARTE MIT KARAMELL

TARTEFORM (Ø CA. 28 CM)
LEICHT
30 MINUTEN + WARTEZEIT UND BACKZEIT

ZUTATEN:

Teig:
300 g Mehl
150 g Butter
1 Prise Salz
2 Eigelb
80 g kaltes Wasser
70 g Zucker

Karamellsauce:
210 g Zucker
90 g Butter
130 g Sahne
1 TL Vanilleextrakt

Füllung:
ca. 3 Nektarinen, entsteint, in dünne Scheiben geschnitten
125 g Blaubeeren
200 g Mandelblättchen

Außerdem:
1 Ei & 1 EL Milch, verquirlt
Mehl & Fett zum Bearbeiten

1. Für den Teig alle Zutaten in den Mixtopf geben, *30 Sekunden/Stufe 4* vermischen. Den Teig aus dem Mixtopf nehmen, etwas flach drücken und in Frischhaltefolie gewickelt für eine Stunde in den Kühlschrank legen.

2. Für die Karamellsauce alle Zutaten in den Mixtopf geben, *10 Minuten/Varoma/Stufe 3* ohne Messbecher köcheln lassen. Das Garkörbchen als Spritzschutz aufsetzen. Die Sauce umfüllen.

3. Für die Füllung Mandelblättchen in einer Pfanne ohne Fett rösten.

4. Den Teig aus dem Kühlschrank nehmen, eine Tarteform fetten und mit Mehl ausstäuben. Den Backofen auf 160°C Heißluft vorheizen.

5. Für den Boden gut die Hälfte des Teiges auf einer bemehlten Arbeitsfläche rund ausrollen. Die Form damit auslegen, dabei am Rand andrücken. Den restlichen Teig für den Deckel aufheben.

6. Den Boden mit einer Gabel einstechen, mit Backpapier abdecken, mit Hülsenfrüchten beschweren und 20 Minuten backen und auskühlen lassen.

7. Karamellsauce auf den ausgekühlten Teig gießen und geröstete Mandelblättchen darauf verteilen. Nektarinen kreisförmig auf dem Boden verteilen und Blaubeeren in die Zwischenräume setzen.

8. Aus dem restlichen Teig einen Deckel für die Tarte ausrollen oder auch nach Belieben ausstechen.

9. Die Tarte mit verquirltem Ei bestreichen und im unteren Drittel des Ofens ca. 35 Minuten goldbraun backen.

BLINDBACKEN IST EINE METHODE, BEI WELCHER DER TEIGBODEN OHNE FÜLLUNG ODER BELAG VORGEBACKEN WIRD. DIES VERHINDERT, DASS DER TEIG DURCHWEICHT ODER AUS DER FORM GERÄT

JEDES STÜCK EIN GENUSS

SOLERO-TORTE

12 STÜCKE
LEICHT
30 MINUTEN + WARTEZEIT UND BACKZEIT

ZUTATEN:

Teig:
3 Eier (Größe M)
150 g Zucker
150 g Mehl
2 TL Backpulver

Füllung:
2 Pk. Gelatine, gemahlen (à 9 g)
500 g Sahne
250 g Maracujasaft
200 g Joghurt
750 g Magerquark
150 g Zucker
Mark einer Vanilleschote
1 kleine Dose Aprikosen, gewürfelt

Guss:
400 g Maracujasaft
2 Pk. Bourbon-Vanillesauce ohne Kochen (z. B. von Dr. Oetker)

Außerdem:
Springform (Ø 26 cm)

1. Für den Teig den Backofen auf 180°C Ober-/Unterhitze vorheizen. Eine Springform fetten oder mit Backpapier auslegen.

2. Den Rühraufsatz in den Mixtopf einsetzen. Eier und Zucker in den Mixtopf geben, *5 Minuten/Stufe 3* schaumig rühren. Mehl und Backpulver zugeben, *10 Sekunden/Stufe 3* unterheben. Den Teig in die Springform geben und im Ofen 20 Minuten goldbraun backen. Eine Stäbchenprobe durchführen und auf einem Kuchengitter auskühlen lassen.

3. Für die Füllung Gelatine nach Packungsanweisung quellen lassen.

4. Den Rühraufsatz in den gereinigten Mixtopf einsetzen. Sahne in den Mixtopf geben, unter Sichtkontakt bei *Stufe 3.5* steif schlagen und umfüllen. Den Rühraufsatz entfernen und den Mixtopf spülen.

5. Maracujasaft in den Mixtopf geben, *6 Minuten/80°C/Stufe 2.5* erhitzen. Gelatine ausdrücken, *15 Sekunden/Stufe 3* auflösen. Joghurt, Quark, Zucker und Vanillemark in den Mixtopf geben, *20 Sekunden/Stufe 4* verrühren. Die Masse umfüllen und die Sahne unterheben.

6. Für die Fertigstellung der Torte den Tortenboden einmal waagerecht durchschneiden. Unteren Boden auf eine Kuchenplatte legen, mit einem Tortenring umschließen. Die Hälfte der Quark-Sahne-Creme darauf verteilen, darauf die Aprikosen und dann den zweiten Tortenboden legen und mit der restlichen Creme bedecken. Im Kühlschrank mindestens drei Stunden kühlen.

7. Für den Guss Vanillesaucenpulver mit Maracujasaft in den gereinigten Mixtopf geben und *20 Sekunden/Stufe 3.5* verrühren, auf die Torte geben und nochmals mindestens eine Stunde kühlen.

8. Nach Belieben mit Sahnetuffs und Pistazien garniert servieren.

6–10 STÜCK (JE NACH GRÖSSE)
LEICHT
30 MINUTEN + WARTEZEIT UND BACKZEIT

BEEREN-TARTELETTES

ZUTATEN:

Teig:
200 g Mehl
100 g gemahlene Mandeln (ohne Haut)
70 g Zucker
1 Prise Salz
2 Eigelb
200 g Butter

Vanillepudding:
500 g Milch
2 Eigelb
50 g Zucker
1 Prise Salz
30 g Speisestärke
Mark einer Vanilleschote

Außerdem:
je 6 TL Erdbeermarmelade zum Bestreichen des Bodens
frische Beeren nach Wahl zum Belegen
Mehl & Fett zum Bearbeiten

1. Alle Teigzutaten in den Mixtopf geben, *35 Sekunden/Stufe 4* vermischen. Den Teig in Frischhaltefolie wickeln und für mindestens 30 bis 60 Minuten in den Kühlschrank legen.

2. Den Backofen auf 180°C Ober-/Unterhitze vorheizen, Tartelette-Formen fetten und leicht bemehlen.

3. Für den Vanillepudding alle Zutaten in den gereinigten Mixtopf geben, *7 Minuten/90°C/Stufe 3* kochen. Den Pudding in eine Schüssel umfüllen, mit Frischhaltefolie abdecken und etwas abkühlen lassen.

4. Den Teig auf einer bemehlten Arbeitsfläche ca. 3 mm dick ausrollen und etwas größer als die Tartelette-Formen ausstechen. Die Teigkreise in die gefetteten und bemehlten Formen legen und zehn Minuten blindbacken*, das Backpapier und die Hülsenfrüchte entfernen und ca. fünf weitere Minuten goldbraun backen.

5. Aus dem Ofen nehmen und kurz abkühlen lassen. Vorsichtig aus den Formen nehmen und auf einem Kuchenrost vollständig auskühlen lassen.

6. Den Boden der Tartelettes mit Marmelade bestreichen, den noch warmen Pudding einfüllen und abkühlen lassen. Zum Schluss nach Belieben mit Beeren belegen.

*ZUM BLINDBACKEN NIMMT MAN EIN STÜCK BACKPAPIER, LEGT DIESES AUF DEN TEIG UND SCHÜTTET DARAUF EINE HANDVOLL GETROCKNETE HÜLSENFRÜCHTE ZUM „BESCHWEREN", DAMIT SICH DER TEIG BEIM BACKEN NICHT HOCHWÖLBT

RECHTECKIGE SPRINGFORM (CA. 43 X 29,5 X 10,5 CM)
MITTEL
30 MINUTEN + WARTEZEIT UND BACKZEIT

ZITRONENBLECHKUCHEN MIT FRÜCHTEN

ZUTATEN:

Teig:
4 Eier (Größe M)
180 g Zucker
250 g Mehl
100 g Speisestärke
1 Pk. Backpulver
125 g neutrales Öl
170 g Zitronenlimonade
Abrieb einer Zitrone
1 Prise Salz

Creme:
800 g Sahne
350 g Buttermilch
Saft und Abrieb von 3 Zitronen (ca. 100 g)
1 Prise Salz
80 g Puderzucker
1 EL Vanillezucker
8 Blätter Gelatine

Belag nach Wahl:
z. B. 2 Kiwis, 100 g Erdbeeren, ½ Orange, 100 g Heidelbeeren

1. Den Backofen auf 180°C Ober-/Unterhitze vorheizen. Ein Backblech mit Backpapier auslegen und einen Backrahmen hineinstellen.
2. Eier und Zucker in den Mixtopf geben, *1 Minute/Stufe 4* schaumig schlagen.
3. Mehl, Speisestärke, Backpulver, Öl, Limonade, Zitronenabrieb und eine Prise Salz zugeben, *2 Minuten/Stufe 5* verrühren.
4. Den Teig einfüllen und ca. 30 Minuten backen. Eine Stäbchenprobe durchführen. Auskühlen lassen!
5. Den Rühraufsatz in den gereinigten Mixtopf einsetzen. Sahne bei *Stufe 3.5* unter Sichtkontakt steif schlagen, umfüllen. Den Rühraufsatz entfernen und den Mixtopf spülen.
6. Gelatine nach Packungsangabe quellen lassen.
7. Buttermilch mit Zitronensaft sowie -abrieb, einer Prise Salz, Puderzucker und Vanillezucker in den Mixtopf geben, *6 Minuten/80°C/Stufe 2.5* erwärmen.
8. Gelatine ausdrücken und hinzufügen, *15 Sekunden/Stufe 3* unterrühren. Fünf Minuten abkühlen lassen.
9. Den Rühraufsatz einsetzen. Sahne zugeben, *15 Sekunden/Stufe 4* verrühren.
10. Die Creme auf den Kuchen geben, glatt streichen und ihn für mindestens drei Stunden in den Kühlschrank geben.
11. Mit Obst nach Belieben garnieren.

TIPP!
LUFTDICHT VERPACKT HALTEN SICH DIE SCONES ETWA DREI TAGE LANG

8 STÜCK
LEICHT
15 MINUTEN + BACKZEIT

LEMON BLUEBERRY SCONES

ZUTATEN:

Teig:
260 g Mehl
2 TL Backpulver
½ TL Salz
80 g Zucker
110 g kalte Butter
Abrieb einer Zitrone
100 g flüssige Sahne + 1 EL zum Bestreichen
1 Ei (Größe L)
1 TL Vanilleextrakt
ca. 150 g Blaubeeren

Lemon Glaze:
130 g Puderzucker
2–3 EL frischer Zitronensaft

Außerdem:
Mehl zum Bearbeiten

1. Den Backofen auf 200°C Ober-/Unterhitze vorheizen.
2. Mehl, Backpulver, Salz, Zucker und kalte Butter in den Mixtopf geben, *20 Sekunden/Stufe 5* verrühren.
3. Zitronenabrieb, Sahne, Ei und Vanilleextrakt hinzufügen, *15 Sekunden/Stufe 5* vermischen. Blaubeeren mit dem Spatel unterheben.
4. Den leider etwas klebrigen Teig auf eine bemehlte Arbeitsfläche geben und zu einem Kreis (Dicke ca. 2,5 cm) formen. Mit einem Pizzaschneider in acht gleich große Dreiecke schneiden, wie bei einem Kuchen.
5. Die Dreiecke auf ein mit Backpapier ausgelegtes Backblech geben, mit Sahne bestreichen und ca. 20 Minuten goldbraun backen.
6. Zehn Minuten auf dem Backblech abkühlen, dann auf einem Kuchengitter komplett auskühlen lassen.
7. Puderzucker mit Zitronensaft in einer kleinen Schüssel glatt rühren und in Streifen über die Scones geben.

WARENKUNDE

HEIDELBEEREN
Ob Eis, Torten oder Smoothies - Heidelbeeren versüßen jedes Gericht. Dabei ist das kugelrunde Früchtchen mit seiner geballten Ladung an Vitaminen und Mineralstoffen auch noch ganz schön gesund

RECHTECKIGE SPRINGFORM (CA. 35 X 24 CM)
LEICHT
10 MINUTEN + BACKZEIT

MANDARINEN-STREUSEL MIT QUARKTUPFEN

ZUTATEN:

Teig:
200 g Butter
250 g Zucker
5 Eier (Größe M)
1 TL Vanillezucker
350 g Mehl
1 Pk. Backpulver
20 g Milch

Füllung:
150 g Quark
1 Ei (Größe S)
20 g Mehl
50 g Zucker
3 Dosen Mandarinen (à ca. 312 ml)

Streusel:
200 g Mehl
100 g weiche Butter
40 g brauner Zucker
40 g weißer Zucker

1. Den Backofen auf 180°C Ober-/Unterhitze vorheizen. Eine Backform mit Backpapier auslegen, die Mandarinen in einem Sieb abtropfen lassen.

2. Butter, Zucker, Eier und Vanillezucker in den Mixtopf geben, *1 Minute/Stufe 5* verrühren. Mehl, Backpulver und Milch hinzufügen, *30 Sekunden/Stufe 5* unterrühren. Den Teig in die Backform geben und glatt streichen. Mandarinen darauf verteilen.

3. Die Zutaten für die Füllung in den gereinigten Mixtopf geben und *15 Sekunden/Stufe 3* verrühren, tupfenweise zwischen den Mandarinen in der Backform verteilen. Im unteren Drittel des Ofens 30 Minuten backen.

4. Die Streusel-Zutaten in den gereinigten Mixtopf geben und *20 Sekunden/Stufe 5* zu Streuseln verarbeiten, auf dem Kuchen verteilen und ca. 25 Minuten fertig backen. Sollte er zu stark bräunen, mit Alufolie abdecken.

DER KUCHEN SCHMECKT AUCH MIT JEDEM ANDEREN OBST. IHR KÖNNT AUCH EIN NORMALES BACKBLECH VERWENDEN, DANN WIRD DER KUCHEN ALLERDINGS FLACHER

KAISER-SCHMARRN MIT ERDBEEREN

2–3 PORTIONEN
LEICHT
30 MINUTEN

ZUTATEN:

2 Eiweiß (Größe M)
2 Eigelb (Größe M)
200 g Milch
100 g Mehl
50 g Zucker
1 TL Vanillezucker
1 Prise Salz

300 g Erdbeeren, geputzt

Außerdem:
Butter zum Braten
Puderzucker zum Bestäuben

1. Den Rühraufsatz in den Mixtopf einsetzen. Eiweiß in den Mixtopf geben und *3 Minuten/Stufe 3.5* steif schlagen, umfüllen. Den Rühraufsatz entfernen.

2. Eigelb, Milch, Mehl, Zucker, Vanillezucker und eine Prise Salz in den Mixtopf geben, *30 Sekunden/Stufe 4* verrühren. Eiweiß mit einem Schneebesen locker unter den Teig heben.

3. Butter in einer großen Pfanne erhitzen. Den Teig hineingeben und bei mittlerer Hitze von beiden Seiten goldbraun braten. Den Kaiserschmarrn mithilfe zweier Gabeln in grobe Stücke teilen.

4. Den Kaiserschmarrn mit Puderzucker bestäuben und mit einigen Erdbeeren auf einem Teller anrichten. Dazu restliche Erdbeeren reichen.

GROSSE KRANZFORM (CA. 2,6 L)
LEICHT
30 MINUTEN + BACKZEIT

ZITRONENKRANZ MIT BEEREN

ZUTATEN:

Teig:
180 g Milch
60 g frisch gepresster Zitronensaft
230 g weiche Butter
300 g Zucker
Abrieb von 2 Bio-Zitronen
2 TL Vanilleextrakt
5 Eier (Größe M)
390 g Mehl
½ TL Backpulver
½ TL Backnatron
½ TL Salz

Zuckerguss:
250 g Puderzucker
1 Eiweiß (Größe M)
30 g Zitronensaft

Außerdem:
ca. 100 g frische Beeren als Topping
Mehl & Fett zum Bearbeiten

1. Den Backofen auf 180°C Ober-/Unterhitze vorheizen. Eine Kranzform fetten und mit Mehl ausstäuben.

2. Milch mit Zitronensaft in einer Schüssel verrühren und ca. zehn Minuten stehen lassen, damit sie etwas dicker wird.

3. Den Rühraufsatz in den Mixtopf einsetzen. Butter, Zucker, Zitronenabrieb und Vanilleextrakt zugeben, *5 Minuten/Stufe 3* cremig aufschlagen.

4. Am Thermomix® weitere *1.5 Minuten/Stufe 3* einstellen und die Eier nach und nach durch die Deckelöffnung hinzufügen. Den Rühraufsatz entfernen.

5. Milch, Mehl, Backpulver, Backnatron und Salz zugeben, *20 Sekunden/Stufe 5* unterrühren.

6. Den Teig in die Backform geben und im Ofen ca. 60 Minuten goldbraun backen.

7. Eine Stäbchenprobe durchführen, den Kuchen aus dem Ofen nehmen und in der Form ca. 15 Minuten abkühlen lassen, dann vorsichtig stürzen. Auf einem Kuchengitter komplett auskühlen lassen.

8. Für den Zuckerguss den Rühraufsatz in den gereinigten Mixtopf einsetzen. Puderzucker, Eiweiß und Zitronensaft in den Mixtopf geben und *2 Minuten/Stufe 4* verrühren, auf den Kuchen geben, leicht antrocknen lassen und mit frischen Beeren garnieren.

BEZUGSQUELLEN

BUTLERS GMBH & CO. KG
Hohenzollernring 16–18
50672 Köln
Tel.: 0221 59985998
www.butlers.com

GEOBRA BRANDSTÄTTER STIFTUNG & CO. KG
LECHUZA
Brandstätterstr. 2–10
90513 Zirndorf
Tel.: 0911 9666 2660
E-Mail: info@lechuza.com
www.lechuza.de

JARJAR ORIGINAL
Marienplatz 11
85098 Großmehring
Tel.: 08407 9479010
E-Mail: info@jarjar.de
https://jarjar.de

THE PAMPERED CHEF DEUTSCHLAND GMBH
Am Holzweg 26
65830 Kriftel
Tel.: 06192 296780
E-Mail: info@pamperedchef.de
www.pamperedchef.de

PEARL.GMBH
Rosenstein & Söhne
PEARL-Strasse 1-3
79426 Buggingen
Tel.: 07631 3600
E-Mail: service@pearl.de
www.pearl.de

PIP BOUTIQUE B.V.
Franz Zieglerstraat 10
1087 HN Amsterdam
Niederlande
Tel.: +31 30 2271060
E-Mail: support@pipstudio.com
www.pipstudio.com

RICE GERMANY
Eppendorfer Landstraße 144
20251 Hamburg
Tel.: 040 4912199
E-Mail: germany@ricebyrice.com
www.ricebyrice.com

J. WECK GMBH UND CO. KG
Wehratalstr. 3
79664 Wehr-Öflingen
Tel.: 07761 9350
E-Mail: info@weck.de
www.weck.de

IMPRESSUM

MIXX – Küchenspaß mit dem Thermomix® ist ein unabhängiges Magazin für Nutzer der Küchenmaschine „Thermomix®" und erscheint in der HEEL Verlag GmbH. Die HEEL Verlag GmbH hat keine Markenrechte am Zeichen Thermomix®, dieses ist eine eingetragene Marke der Firmengruppe Vorwerk. MIXX ist eine eingetragene Marke beim DPMA unter der Registernummer 302015214086. Magazin und Rezepte sind in eigener Verantwortung der HEEL Verlag GmbH entstanden.

Verlag:
Heel Verlag GmbH
Gut Pottscheidt, 53639 Königswinter
Tel.: 02223 9230-0, Fax: 02223 9230-13
Herausgeberin:
Antje F. Heel
Verlagsleiterin Zeitschriften:
Sabine Blüm

Chefredaktion:
Felix Krohmer (V.i.S.d.P.; frei)
info@krohmermauren.de
Beraterinnen der Chefredaktion:
Manuela & Joelle Herzfeld
Art Direktion & Layout:
Yinin Got (frei), Büro Bataakoon, München

Freie Mitarbeiter:
Maike Doege

Lektorat:
Melanie Jaschob-Ahaus (frei)

Fotonachweise:
Titel: Melanie Götz
Rezeptfotos: Manuela & Joelle Herzfeld
Reportagefotos Grillparty: Melanie Götz
Gewürze: Fotolia

PS: Danke an das romantische Landhotel Alte Mühle in Ehningen-Mauren – die Herzfelds haben sich bei Euch sehr wohl gefühlt! Danke auch an Metzger Hähnle in Altdorf – Euer Fleisch und die selbstgemachte Pastrami waren super! Danke vor allem an Manuela & Joelle Herzfeld – großartiger Job, wunderbare Rezepte, klasse Fotos! Und danke an Manus & Joelles Freunde Inken, Betty und Karsten, dass Ihr dabei wart!!!

Objektleitung/Anzeigenleitung:
Sylvia Lühert
Heel Verlag GmbH
Gut Pottscheidt, 53639 Königswinter
Tel.: 02223 9230-41, Fax: 02223 9230-26
E-Mail: s.luehert@heel-verlag.de
Anzeigenpreise: Es gilt die Preisliste für Anzeigen 2018.
MIXX-Leserservice:
Heike Becker
Gut Pottscheidt, 53639 Königswinter
Tel.: 02223 9230-42, Fax: 02223 9230-26
E-Mail: h.becker@heel-verlag.de
Druck:
LSC Communications Europe
Sp.z o.o., Krakau/Polen
Vertrieb:
VU Verlagsunion KG
Meßberg 1, 22086 Hamburg
Tel.: 040 3019-1800, Fax: 040 3019-1815
Vertrieb Schweiz und Österreich (nur Einzelheftbestellungen):
Heel Verlag GmbH
Gut Pottscheidt, 53639 Königswinter
Tel.: +49 531 7088560
Fax: +49 531 708601
E-Mail: bestellung@vsb-service.de
Gerichtsstand: Königswinter
Postvertriebszeichen: 04833
ISSN: 2365-9580
ISBN: 978-3-95843-675-6

Datenschutzerklärung: ds.heel-verlag.de

NEU: MIXX ABO PLUS

6 reguläre Ausgaben
+ 2 Spezial-Ausgaben
für nur € 35,80*
Eure Ersparnis: € 9,80

Ihr möchtet zusätzlich zum Jahresabo MIXX die 2 Spezial-Ausgaben erhalten? Dann haben wir die Lösung für Euch:

Das neue **MIXX Abo Plus:** 6 Heftausgaben MIXX Küchenspaß mit dem Thermomix® und zusätzlich 2 Spezial-Ausgaben MIXX.

Zum bereits reduzierten Abopreis von € 26,– erhaltet Ihr im Abo Plus 2 Spezial-Ausgaben zum Vorzugspreis von € 9,80, d. h.

1 Spezial-Ausgabe ist für Abo-Plus-Abonnenten GRATIS!

Auch zum Verschenken

Bestellt jetzt das MIXX Abo Plus unter **www.mixx-online.de** oder unter **Tel.: 06123 9238-277, aboservice-mixx@vuservice.de,**
Bestellcode: MIXXSKPLUS18

Auch als ePaper für Smartphones und Tablets erhältlich

facebook.com/mixx.kuechenspass

#mixxküchenspassmitdemthermomix

* im Inland versandkostenfreie Lieferung, im Ausland auf Anfrage.

Aroma ins Glas gebracht

WIE LÄSST SICH DAS UNVERGLEICHLICHE AROMA VON ERDBEEREN FÜRS GANZE JAHR KONSERVIEREN? AM BESTEN IN FORM VON MARMELADEN – VIEL SPASS MIT JOELLES WUNDERBAREN MARMELADEN-REZEPTEN …

ERDBEERMARMELADE MIT LIKÖR 43

4 GLÄSER (À CA. 250 ML) | LEICHT | 30 MINUTEN

ZUTATEN:

750 g frische Erdbeeren
400 g Gelierzucker (2:1)
80 g Likör 43
Saft einer halben Zitrone
Mark einer Vanilleschote

1. Erdbeeren und Gelierzucker in den Mixtopf geben, ***10 Sekunden/Stufe 6*** zerkleinern.
2. Likör 43, Zitronensaft und Vanillemark hinzufügen, ***12 Minuten/100°C/Stufe 2*** aufkochen. Die Masse sollte mindestens 4 Minuten bei 100°C sprudelnd gekocht haben. Andernfalls die Zeit anpassen.
3. Noch mal ***5 Sekunden/Stufe 6*** mixen, sofort in heiß ausgespülte Gläser geben und verschließen.

TIPP!

WIR HABEN HIER DAS MARK EINER TAHITI-VANILLESCHOTE GENOMMEN. IN DER STERNE-GASTRONOMIE IST SIE DIE BEGEHRTESTE UND EXKLUSIVSTE VANILLE DER WELT, DA MAN MIT IHR EINZIGARTIGE DESSERTS UND AUCH MARMELADEN HERSTELLEN KANN. IHR KÖNNT ABER NATÜRLICH AUCH JEDE ANDERE VANILLE NEHMEN

BELLINI JAM

4 GLÄSER | LEICHT | 25 MINUTEN

ZUTATEN:

750 g Pfirsiche, ohne Stein gewogen
500 g Gelierzucker (2:1)
250 g Prosecco
1 EL Limettensaft
½ TL Vanillepulver

1. Pfirsiche und Gelierzucker in den Mixtopf geben, ***10 Sekunden/Stufe 8*** zerkleinern.
2. Prosecco, Limettensaft und Vanillepulver zugeben, ***12 Minuten/100°C/Stufe 2*** aufkochen. Die Masse sollte mindestens 4 Minuten bei 100°C sprudelnd gekocht haben (ggf. die Zeit anpassen).
3. Noch mal ***30 Sekunden/Stufe 7*** mixen, sofort in heiß ausgespülte Gläser geben und verschließen.

BUCHTIPP:

ANDREA TOMICEK: LIEBLINGS-MARMELADEN, MIXTIPP-REIHE, LEMPERTZ, 9,99 EURO; ZU BESTELLEN UNTER WWW.HEEL-VERLAG.DE

SÜDSEE-TRAUM ANANAS-KIWI-KONFITÜRE

CA. 8 GLÄSER | LEICHT | 30 MINUTEN

ZUTATEN:

400 g Kiwis, geschält gewogen
750 g Ananas-Fruchtfleisch
500 g Gelierzucker (3:1)
250 g cremige Kokosmilch
50 g Limettensaft
Mark einer Vanilleschote (hier Tahiti-Vanille)

1. Kiwis, Ananas und Gelierzucker in den Mixtopf geben, ***5 Sekunden/Stufe 5*** zerkleinern.
2. Restliche Zutaten hinzufügen, ***ca. 13 Minuten/100°C/Stufe 2*** kochen. Es ist wichtig, dass die Masse nach Erreichen der 100°C mindestens 4 Minuten sprudelnd gekocht hat. Andernfalls die Zeit anpassen.
3. Anschließend noch mal ***10 Sekunden/Stufe 8*** mixen und in heiß ausgespülte Gläser füllen.

HIMBEER-KOKOS-MARMELADE

CA. 8 GLÄSER | LEICHT | 30 MINUTEN

ZUTATEN:

750 g TK-Himbeeren
500 g Gelierzucker (2:1)
200 g cremige Kokosmilch
Mark einer Vanilleschote
1–2 TL Kokossirup
1 EL Zitronensaft
1 Schluck weißer Rum (optional)

1. Himbeeren mit Gelierzucker in den Mixtopf geben, ***10 Sekunden/Stufe 10*** zerkleinern.
2. Nun gebt Ihr alle weiteren Zutaten bis auf den optionalen Schluck Rum hinzu und lasst alles ***16 Minuten/100°C/Stufe 2.5*** aufkochen. Es ist wichtig, dass die Masse 4 Minuten bei 100°C sprudelnd gekocht hat, ggf. die Zeit anpassen!
3. Wer die fruchtig-frische Marmelade jetzt noch abrunden möchte, gibt einen Schluck Rum dazu und rührt ihn ***20 Sekunden/Stufe 6*** unter.
4. Die Marmelade sofort in sterilisierte oder zumindest sehr heiß ausgespülte Gläser geben und sofort verschließen.

TOMATEN-MARMELADE

- 4 GLÄSER
- LEICHT
- 25 MINUTEN

ZUTATEN:

1 kleine getrocknete Chilischote
1 Knoblauchzehe, geschält
1000 g Tomaten, halbiert
500 g Gelierzucker (2:1)
1 EL Zitronensaft
Mark einer Vanilleschote
1 Prise Pfeffer
1 EL Tomatenmark
1 TL Salz
1 Pk. Gelfix (2:1)

1. Chili und Knoblauchzehe in den Mixtopf geben, ***5 Sekunden/Stufe 5*** zerkleinern.

2. Tomaten, Gelierzucker und Zitronensaft hinzufügen, ***10 Sekunden/Stufe 5*** zerkleinern, dann zehn Minuten ziehen lassen.

3. Restliche Zutaten zugeben, alles ***15 Minuten/100°C/Stufe 2*** kochen.

4. Zum Schluss ***20 Sekunden/Stufe 10*** pürieren, dann sofort in heiß ausgespülte Gläser füllen.

TIPP!

TOMATENMARMELADE IST VON DER KONSISTENZ HER NICHT SO WIE NORMALE MARMELADE. MANCHMAL HAT SIE DIE EIGENSCHAFT, NICHT SO FEST ZU WERDEN, DAHER FÜGEN WIR HIER NOCH GELFIX HINZU. FÜHRT EINE GELIERPROBE DURCH! EVTL. DIE KOCHZEIT ETWAS VERLÄNGERN

ES KANN

SPÄTER WERDEN...

BURGER FRISCH VOM GRILL, HERZHAFTE DIPS, KNACKIGE SALATE – LEEEECKER!!! MANU, JOELLE & IHRE FREUNDE SIND SICH EINIG: EIN WUNDERBARER SOMMERTAG!!!

JOELLES TIPP

DUFTKERZEN VERTREIBEN DIE STECHMÜCKEN, EIS IM BLECHZUBER KÜHLT DIE GETRÄNKE UND LAMPIONS LEUCHTEN ROMANTISCH

Rezeptregister

GETRÄNKE

STARTERS/DIPS

SALATE/DRESSINGS

BROT

GRILL-/ SOMMERGERICHTE

EIS

DESSERTS

KUCHEN

MARMELADE

HERZFELDS LIEBLINGE

Danke